中国と博覧会

——日本・台湾・南洋——

[第3版]

柴田 哲雄 編著
やまだ あつし

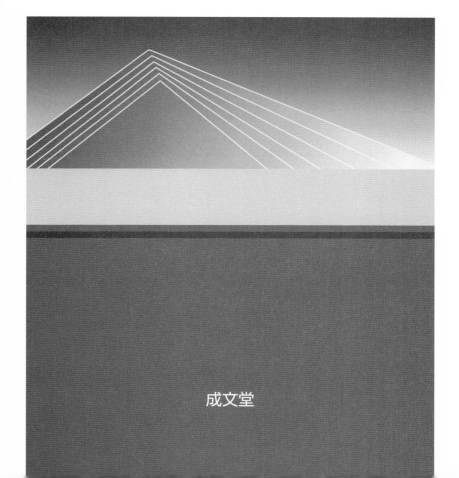

成文堂

まえがき

　2025年4月13日から184日間、大阪市で開催予定の2025年日本国際博覧会（大阪・関西万博）については、当初見積もりから大幅増額となった経費、パビリオン建設工事の遅延など、ネガティブな報道が続いてきた。その一方で、2023年4月に中国が正式に大阪・関西万博への参加を決定し、それと同時にパビリオンのイメージを披露して、新鮮な驚きを与えている。NHKの報道によれば、中国パビリオンは「自然と共に生きるコミュニティの構築」などをテーマにしていて、建物の素材には竹がふんだんに使われる予定だという。入り口から内部に至る壁は、巻物の書物を広げた形を表現していて、自然との共存という理念が込められているというのだ。

　中国は海外の万博に参加するだけではない。中国国内においても中国2010年上海世界博覧会（上海万博）を開催している。上海万博は参加国・国際機関数、敷地面積とも最大級であり、上海市民など人々の期待も反映して入場者数は史上最多の7,300万人を突破し、盛会裏に終わった。とはいえ最初から中国の博覧会は盛会だったわけではない。最初の本格的博覧会は、1910年に南京で開催された南洋勧業会であった。本書第1章が示す通り、欧米の博覧会に中国人が参加してから自前で博覧会を開催までの長い過程、高額で引き下げられた入場料金、計画を大幅に下回る参加人数など、盛会とは言い難い内容であった。南洋勧業会から上海万博までの約100年間に、どのような博覧会が行われたのか、テーマがどう変遷したのか。人々の参加のあり方がどう変わったのだろうか。

　本書の初版は、南洋勧業会から上海万博までの100年間の中国博覧会史を考察することを縦軸として第1部に配し、第1章で清朝末期、第2章で中華民国期、第3章で中華人民共和国の社会主義路線期、第4章で中華人民共和国の改革開放期以降の各博覧会を取り上げた。それぞれの時期毎に、博覧会の開催内容、テーマの変遷、人々の参加のあり方などを論じた。そして中国近現代史を考える上では避けて通れない、日本と中国との関わりを日本博覧会史から考察することを横軸として第2部に配し、第5章で日本植

民地となった台湾の博覧会、第6章で汪精衛南京政府下の大東亜戦争博覧会、第7章で日中戦争直前に愛知県で開催された汎太平洋平和博覧会を取り上げた。

　本書は、初版を2010年に刊行して以来、柴田哲雄、やまだあつしの両名が、愛知学院大学と名古屋市立大学の授業において教科書として使い続けてきた。授業での本書初版の使い方については、第二版（2014年刊行）の「あとがき」（165-167頁：本書には収録せず）に示した通りである。第二版では、20世紀後半の日本博覧会史を補うため、第2部に第8章として日本の1970年代の中国展を追加した。

　2024年度の授業からは、この第三版を教科書として使用する。第三版は、初版や第二版とは構成を変え、第1部に中国博覧会史、（第2部改め）第3部に日本博覧会史における中国との関わりを配するのはそのままとして、第2部に台湾の章を設け、既存の第5章をここに移すとともに、あらたに二つの章を書き起こした。そう改めた消極的な理由は「おわりに」にて柴田が記した通りだが、積極的な理由は、日本社会で台湾の存在感が増したこと（コロナ直前は高校生の海外修学旅行先として最も人気があったこともそれを反映している）もさることながら、授業を実践するにあたり、日本博覧会史の各種先行研究や書籍を紹介して本書の日本に関する不足を補った上でではあるが、より広い視野で講義ができることである（し、実際に資料を補いながら行ってきたためである）。第2部設置により、日本と中国の二項対立的な博覧会史比較でなく、日本本国と植民地台湾と中華民国との比較、中華人民共和国と（台湾に今もその名称で存在し、1970年の1972年に断交するまで日本は国家承認をしていた）中華民国との比較という、より多面的な比較が可能となる。特に新・第6章は、戦前日本における博覧会における南中国展示と東南アジア（当時の日本で言う、南洋）展示の関連性を論じており、同じく東南アジア展示へも言及している新・第8章（初版の第6章）とも比較しながら講じることで、中国博覧会史の教育をより多面的に拡大できる可能性を持つ。

　最後に編集部の飯村晃弘氏には、原稿遅延によってお手を煩わせたにもかかわらず、本書の刊行に無事こぎつけたことに対し、あらためてお礼を申し上げる。また学生諸君は、本書を教科書として買わせただけでなく、日本博

覧会史の本を読ませたり、第9章（初版の第7章）で言及している鶴舞公園（名古屋市昭和区）へ遠足に行かせたりと、いろいろとかき回した。この場を借りて、感謝するものである。

名古屋にて　　やまだ　　あつし

目　次

第 1 部　中国における博覧会の歴史

第1章　清末期（19世紀後半から1912年まで）の中国と博覧会

山 田　美 香

はじめに

　2010年の上海万博前後、中国では、万博と中国の歴史を振り返る書籍の出版が相次いだが、本章では主に、吉田光邦の研究と『中国早期博覧会資料彙編』からみていく。これまで清末博覧会研究は、馬敏（1985）などが近代史研究の一環として行っていた。喬兆紅『百年演繹：中国博覧会事業的嬗変』（上海人民出版社、2009年8月）は、近代中国の万博・博覧会・展覧会に関して、中国、台湾、日本の多くの研究を丁寧に整理し、新しい視点で中国が如何に関わっていたのかを書いている。また喬兆紅は中国第一、第二歴史档案館等の档案館、図書館などが編集した資料集、雑誌などの紹介をしているが、それは私たちに大変益があるものである。

　これまで、清末の博覧会研究は、実業界、産業の振興と近代化との関係で商工業の勃興、流通がテーマとして多く論じられてきた。劉健『博覧勧業—世博会与近代中国博覧会』（上海世紀出版股份公司、2009年4月）は清末政府と産業近代化の全体像をまとめている。

　中国の近代化は清末に始まった。中国と博覧会のつながりは、清末に始まる。清末の中国は「軽工業が主で、重工業、機械製造、化学工業などの発達は不十分であった」[1]。これまでの150年ほどの中国と博覧会のつながりのなかで、清末は各省が行う商品展示会が何度か行われ、各省の特産物を中心に展示された。その一方で、国内だけでなく、万国博覧会への出品も行われている。近代の博覧会は、互いに最新の科学技術の成果を啓発し、さらなる技術革新を支える場であった。

　当時の清朝による出品が正式に開始されたのは清朝の終わりに差しかかったころである。多くの先行研究が指摘するように、清末では、各国が中国を積極的に博覧会に招聘しようとする一方で、中国側はなかなかそれに応じなかった[2]。その背景には、1840年の阿片戦争を始めとした欧米列強の中国侵略があった。万国博覧会は、中国にとって、欧米列強の中国侵略と重なったのである。それまでは、一部の商人が展示物を送る、海関税務司が博覧会の出品をする、という状況であった。

　博覧会が、植民地主義、近代化の象徴であることから、当初は中国人に受け入れられるものではなかった。また万博に対して、最新の技術の成果としての工業製品に十分な理解がなく、「当時の中国人は万国博覧会を『炫奇会』『賽奇会』といい、これは、大清帝国の万国博覧会に対する理解であり、当時の人々が技術を「奇技淫巧」という認識から脱出できていなかったことによる」[3]と言われている。

　アジアにおける博覧会の近代化を日本が体現したことで、日本では、1877年に東京で内国勧業博覧会が開催され、その後博覧会の意義が明治の近代化と重なり、海外の博覧会の影響を受けていく。明治政府は、1876年には日本産の茶を海外に輸出するため、「各国ノ嗜好ニ適応スルノ製法ニ更換シ以テ輸出ヲ盛大ナラシメンカ為メニ先般清国人両名ヲ雇ヒ当省勧業寮ニ於テ各種ノ製方ニ倣ヒ数品ノ茶ヲ試製セシメ候」[4]、中国人を雇用し製茶を習い、また同時に日本人を中国に製茶の技術習得のための派遣をした。中国と日本は技術交流があった。

　明治の近代化と重なり、日本における博覧会の意義は、海外での博覧会の影響を受けつつ先鋭化した。吉見俊哉は、「展示されたモノを、素材、製法、効用、時用、価格等の基準で相互に比較し、有益の品と無益の品を選別していくこと。明治国家が内国博にやって来た民衆に要求したのは、まさにこうした比較・選別するまなざしであった」[5]と書いている。

　一般に清末の博覧会は、馬敏が「当時の農業、工業、商業、教育、衛生にひとしく見るべき影響を与えた」[6]と述べるように、当時欧米列強に侵略された中国の再興を工商業から行う、また一般国民への啓発的な役割を持ったといわれる。多くの学者は、歴史的に、清末の博覧会の経済的効果を評価す

るが、果たしてどれほどの経済効果があったのかは定かではない。

　このような状況の中で、清末の博覧会はどのような意味を持ったのだろうか。

1.　どのような博覧会に参加したのか？

　博覧会という「イベント」は、時代の象徴である。清末の社会では、「博覧会というイベント」は、どのように歓迎され、あるいは抵抗を持たれたのだろうか。

　万国博覧会では、欧米で中国の特産物が紹介され評価されると同時に、また、中国側は欧米の科学技術や文化芸術に触れる機会を持ったため、清末の中国にメリットがないわけではなかった。

　中国は清末、次の万国博覧会に参加した。胡斌は「清末に中国は10数回

表1　清末万国博覧会への参加

1851	ロンドン万博 （イギリス）	中国人商人徐○村がイギリスに商品を送り、多くの奨を得た（○は読みとれなかった）
1867	パリ万博 （フランス）	清朝は参加せず、民間人が奨を得る
1873	ウィーン万博 （オーストリア）	清朝は参加するが、最終決定権は税務司に
1876	フィラデルフィア万博 （アメリカ）	初めて、国家の名義で代表を派遣
1904	セントルイス万博 （アメリカ）	清朝は親王、政府官僚、外国籍の海関の人員で代表団を派遣
1905	リエージュ万博 （ベルギー）	商人は、博覧会の参加は政府が監督を派遣すべき、博覧会章程を定めるべきだと建議した。二年目に清朝は「出洋賽会通行簡章」20条を頒布した。
1906	ミラノ万博 （イタリア）	中国人自ら事務的な参加もした。

出典：胡斌『世博与国家形象』上海世紀出版股份有限公司、2010年4月、4-5頁。

の万国博覧会に参加し、1850年、1860年は早期の接触時期で、1870年から1905年は中国海関の代表が中国の展示に参加し、1905年から1911年は中国人が自ら参加した時期だ」[7]と書いている。

万国博覧会の詳細は、上海図書館編『中国与世博歴史記録（1851-1940）』によると、次のとおりである。

・1851年ロンドン万国博覧会「中国は展覧会に送ったシルク、婦人の中国服、お茶、鉱産物、植物などで各種の奨を得る」。

・1873年ウィーン万国博覧会

「中国は、上海、天津、寧波、杭州、広州等14の都市が組織して出品し、多くは中国薬、シルク、茶など伝統的な商品で、あるものは紬車、手押し車、ジャンクなど第一次出品のものだった。中国海関代表は、粤海関副税務司イギリス人包腊」であり、中国人による博覧会出品ではなかった。税関を支配していたイギリス人による出品であった。

・1905年ベルギー、リエージュ万国博覧会

「中国は31の国家の中の1つで、18省の30数の都市が出品を組織した。中国館の面積は825平方メートルであった。記載の中で、中国館の陳列で最初はアヘン、たばこ、刑具などがあったが、あとで当地の華僑が反対し撤去した」[8]。

董増剛は、「晩清赴美賽会述略」（『北京社会科学』2000年第二期、1904年）[9]で、セントルイス博覧会で、清政府は「白銀75万両、歴代博覧会で最高」の「巨額のお金を費やしたが、効果がなかった」、また、清政府の「官吏が無知で、腐敗」していたと書いている。一方で董は、1894年アメリカは清政府に強制し「アメリカに来る中国人労働者の制限する条約」を締結、「アメリカに行く労働者、アメリカにいる中国人労働者、中国人に対して差別的、虐待的な政策をとった」と書いている。アメリカの入国管理局は、中国人の入境を拒み、「これに対して国内の世論は激しく反応し、1905年反米の風潮が全国ですばやく展開し」たという。このことから、博覧会への参加が、当時の国際的な情勢が反映されていることが分かる。

2．中国での商品品評会

　博覧会の前身となる、中国国内の各地の品評会は、20世紀に入って、主に都市で行われていた。「1903年、直隷工芸総局が成立し、商品品評会を行い『工芸を新しく』することを決定した」[10]。

表2　清末の国内の品評会、展覧会、勧業博覧会

1903	直隷	商品品評会
1904	成都、天津、北京	勧工陳列所
1905	天津	教育品陳列室
1906	四川省	商業勧工会
1906	天津	勧工展覧会
1909	武漢	勧業奨進会
1910	南京	南洋勧業博覧会

出典：愈力『歴史的回眸—中国参加世博会的故事1851〜2008』東方出版中心、2009年、52-53頁。

　1904年から、成都、天津、北京などで「勧工陳列所」が行われ、近代商品品評会の先駆けとなった。

　『歴史的回眸—中国参加世博会的故事1851〜2008』によると、その後、1905年、学部侍郎厳修が、天津で、「教育品陳列室を開き、理化儀器、博物標本多種を陳列し、人に観覧させた」。1906年3月10日、四川省で第一回の「商業勧工会」が成都で行われ、1906年10月7日、天津実習工場第一次「勧工展覧会」が行われた。1909年10月、「勧業奨進会」が武漢で行われ、「この展覧会は45日で、会場は数十苗、318万元を投資した」。そこでは「湖北の産品、自然、工芸、美術、教育、文物の5大類、計数十種類が出品された。ほかに、直隷、上海、湖南、寧波4館と漢陽の鉄工場、陸軍工場、鉄砲工場、実習工場、勧工院などの特別展覧室が設立された」といわれる。

　南洋勧業会が開催される前から、各地の産品、教育の展示が行われていた

が、当時、万国博覧会は、展示物別に分類、展示し、また分類することで観客の理解を容易にすることが一般的になっていた。吉田光邦によると、1900年のパリ万国博覧会の展示物の分類について、久米桂一郎は、「これは人間は教育に始まって技術に発達し、陸海軍及び殖産の平和を以て終るという組織で立派に其の意見が発揮されている」と批評したという(11)。

ところで、同時期の日本の第五回内国勧業博覧会では、「部門は全部で10部」「農業及園芸、林業、水産、採鉱・冶金、化学工業、染織工業、製作工業、機械、教育及学術・衛生及経済、美術及美術工芸」(12)と分類されていた。

3. 南洋勧業会開催の上奏

南洋勧業会については、鮑永安主編『中国首届博覧会―南洋勧業会百年回望』叢書(13)が出されている。

清朝には、当時皇帝のもとへ有力な官僚が上奏という形で、進言をしていた。そのなかで産業勃興のために博覧会への参加、また中国国内での博覧会開催を上奏したのは、端方であった。1908年12月7日、端方は江蘇巡部・陳啓泰と江蘇で第一次南洋勧業会を開くことを上奏した(14)。

「江蘇省城のため、南洋第一勧業会を官商合資で行うことで、風紀を開き、農工を勧める」(15)目的であった。また、「万国博覧会というのは、日本が初めて西に倣い先に内国博覧会を設けたものである」(16)と、日本の紹介をしている。既に述べた第5回勧業博覧会と関連して、日本で行われた博覧会は、「1877年第一回内国勧業博覧会、1903年第五回内国勧業博覧会、1907年東京勧業博覧会」であった(17)。

吉田光邦は、第5回内国勧業博覧会は「今や日本の工業化を成熟させ、それによって海外貿易をのばそうとする目的をもつことになった」もので、「朝鮮、中国、インドネシア（当時はオランダ領）、アメリカ、オレゴン州はそれぞれ代表事務官を派遣して陳列」(18)と書いている。吉田光邦は、中国人が「日本が産業の近代化、あるいは工業化政策の一環として採用した、内国

勧業博を実見した人も少なくはなかった」[19]と、中国人の参観についても触れている。

　その一方で、清朝内では博覧会参加をためらう者もいたのも事実である。このような軋轢の中で、清朝は、南洋勧業博覧会の開催を決定する。

　1908年11月14日、南洋大臣両江総督端方が南洋勧業会を奏設、批准を得て、「経費五十万元を官商で」[20]折半することになり、「端方は上奏後、江寧に南洋勧業会事務所を設立し、具体的な準備機構を設立した」[21]。しかし、「日本東京第六回内国博覧会スラ猶百二十万元ヲ費セリ本会ハ各国内国博覧会ニ倣照セルモ規模較較大ナルヲ以テ到底五十万元ノ能ク弁ズベキ所ニ非ズ」[22]と、「最小額七十万元」とその予算規模を拡大した。また、「其ノ半額三十五万元ハ官股トシ」、「華僑ヲ勧諭シ七万元ノ入股ヲ承諾セシメタリ」[23]と華僑に経済的負担を強いることにもなった。

4. 軍艦派遣

　イギリス、ドイツ、アメリカなど上海を中心に租界地を持っていた国は、南洋勧業博覧会の開催による治安の悪化を恐れていた。

　1910年5月16日、在南京領事井原真澄から在北京特命全権公使伊集院彦吉に、「頃日当地方人心不穏ノ形勢アリ其間革命党若クハ不逞ノ徒等機ニ乗シ擾乱シ惹起スノ恐アルヲ以テ当地各国領事ハ南洋勧業会中何時ニテモ弐百名位ノ護衛水兵ヲ上陸セシメ得ル軍艦ヲ各国交代ニテ南京河岸ニ碇泊セシムルコトニ商議シ英米独各国領事ハ已ニ其本国公使ニ稟申シタル由」[24]と報告があった。井原は、「両江総督ハ外国軍艦ノ南京碇泊ヲ好マサル由ナルモ」「帝国軍艦モ亦タ同一体度ニ出ルコト可然ト」、日本も軍艦を出す必要を述べている[25]。

　しかし、南京勧業会日本出品会『南京博覧会各省出品調査書』によると、「南京進軍此日ヲ期スシテ反ヲ図ラントシ已ニ其ノ大半ハ銃器弾薬ヲ奪フテ脱営セリト故ニ当日ハ特ニ当地軍隊新式兵八千ヲ出シテ防衛セシメ南京停泊諸外国砲艦モ亦皆不測ニ備ヘリ然リト雖トモ事実ハ予想ニ反シ只一片ノ杞憂

ニ属シ開会ノ大典ハ極メテ安全ニ経過シタリ」[26]とあるように、何も事件
は起こらなかった。

5. 南京での博覧会

　博覧会の何がおもしろいのか。清末の中国人にとって博覧会に行くことは
よそ行きの格好で行くもので、新しいもの見たさ、好奇心で出かけていくも
のであった。博覧会に来た観客は、いうまでもなく、どの展示物が自分の関
心や仕事に役立つか、ということに関心がある。次いで、金綾、南京で開か
れたことから南京観光を楽しみたい、会場周辺での宿泊施設、食事、娯楽、
南京土産にも関心が高かっただろう。会期（1910 年 4 月 28 日開会、1910 年 10
月 28 日に閉会）中、延べ 24 万人が参加した全国的な南京勧業博覧会には、
多くの人々の希望や欲望を飲み込むだけの施設や周到な準備が必要とされ
た。同時期のパリの万国博覧会は世界規模の博覧会ということもあったが、
出品人が 10 万人、観覧者が 3,902 万 6,977 人、損失が 2,044,000 フラン」
[27]であった。パリの 0.6％ほどの観覧者であった。
　吉田光邦によると、大阪の第 5 回内国勧業博覧会は「入場券は 1 枚 5 銭、
水族館は 3 銭」「ただし、日、火、木、土、祝日は 2 枚を必要」だったとい
う。「当時のふつうの職人の日給は 30-50 銭で、「かなりに安い入場料」[28]
であった。
　南洋勧業博覧会の各館は毎日午前 8 時開館、午後 6 時閉館であった。普
通入場券は小洋 3 角、特別入場券は軍人、学生など制服を着た者だけ買うこ
とができ小洋 1 角 5 分、12 歳以下の子どもは入場券 1 角 5 分、5 歳以下の
子どもは無料だった[29]。しかし吉田によると、「入場料は最初の三角から、
二角、一角と下げられついには五分となった。しかし入場者は一日に千二〜
三百、入場料総収入は五万元、五〇万の観客の予想に対し二四万程度であっ
た」[30]。
　当時の南京は、金綾と呼ばれていたが、名所が多く、また、交通の便もそ
れほど悪くなかった。「両江地区、特別になかでも江蘇省は、資本主義経済

が相対的に全国で最も発達していた」[31]「上海、江寧の商会指導者は自ら始終参加し、理事や会弁などの重要な職務も担任し、具体的な事務にも従事し、積極的に情熱を表現した」[32]。しかし実際は、「当時の南京は僻遠の地とされ、人口は約二〇万、政治的にも経済的にも全国の中心ではなかった」[33]と、入場者が増えなかったことから、金陵での開催の失敗が言われることになる。

　パビリオンは、本館が教育館（正門の東、数歩入ったところ）、工芸館、農業館、衛生館、武備館、機械館、通運館、別館が京畿館、直隷館、山東館、山陝館、河南館、安徽館、江西館、浙江館、湖北館、湖南館、四川館、福建館、広東館、広東教育出品陳列所、雲貴館、東三省館、暨南館、蘭錡館（江南製造局出品陳列所）、その中で外国館として参考館（第一参考館はドイツ、アメリカ。第二参考館はイギリス、日本）[34]があった。

　中国はこのような万国博覧会への出品からその方法論を学び、南洋勧業博覧会でも品評会が行われた。1910 年 3 月 8 日、農工商部右侍郎楊士琦が審査総長に任じられ、説明書を具備した審査すべき十万餘種を二十四種[35]、「教育、図書、科学機器、交通、統計、経済、化学工業、採鉱冶金、染織工業、製作工業、土木建築工業、機械、電気、蚕業、茶業、園芸、水産、狩猟、林業、飲食品、医学衛生、武備、美術」[36]に分け、審査をした。「7 月 14 日ニ至リ審査計画ヲ上奏セリ越ヘテ 9 月 17 日ニ至リ各物産会及出品協会ヨリ審査評議員 28 人ヲ選任セシメ審査ノ公平ヲ期」[37]し、品評会でそれぞれ優秀な展示物が表彰された。

　「南洋勧業会遊記」によれば、「場内の飲食」は、茶社、酒楼、菜館などが多くあり、地元の江南料理を始め、さまざまな料理があったと書いている。各料理店では、ビールなどを飲むことができたと書いてある。上海同茂行は、太陽ビールを小瓶 2 角、大瓶 4 角で売っていた。また観客の楽しみとして、「場内の遊戯」としては、「嬉笑奇観処」があったという。「工芸館の側で小銀圓 1 角、空き家の大きな部屋に鏡が貼ってある」もので、鏡に映った自分の姿がおもしろく、観客に人気があった。他地域から来た人には土産として、「南京名産　板鴨、豆腐乾、大頭菜」が売っていた[38]。

6. 近代化のなかでの「教育の近代化」

　清末、学校で用いられた教材は日本をモデルに教育の近代化が図られた。教材の工夫、発達がどれほど当時の学校に影響を与えたのかは定かではない。なぜならば当時は大変就学率が低かったからである。清末までの伝統的な教育機関である私塾などでは、近代的な教材を用いなかったため、そのような教材は一部の都市部の学校で使われたのみであった。

　当時は、近代学堂が1860年代から徐々に設立されていた。それは外国語を学ぶ京師同文館であったが、どちらにせよ、日本をモデルとし、積極的に西洋の学問を学ぶ人材を養成するものであった。

　一方、1904年の近代学制発布前後からは、日本をモデルとした教育が導入され、欧米の教育学が日本を介して紹介され、教材の工夫がなされた。1904年前後の日本においても、教師主導の教育が中心であったが、理科教育での実験器具などは用いていた[39]。そのため教材については、清朝下の各地方では、中核的な師範学堂や、近代的な学校では、教材を開発、輸入し、用いた。上海を中心に金港堂など日本の教科書出版社、教育関連の出版者、関係者も当時中国に滞在しており、そのため、日本国内の教材は同じものが中国へ輸出されていた。

　さて、「南洋勧業会審査得奨名冊目録」によると、南洋勧業会で奨を得たのは、奏奨（特奨）66名、超等奨214名、優等奨426名、金牌奨1,217名、銀牌奨3,345名であった。その中でも最も多くの奨を得たのは美術、次いで教育であって、美術は中国の伝統美術品が入選した。教育で奏奨を得たのは、風琴、各種標本彝器（江蘇上海　科学彝器館）、各種図書印刷模板（江蘇上海商務印書館、中国図書公司）[40]であった。「彝器」は、「科学用の器、測定器、視器、楽器は皆これに属す」という。「教育館は、出品総点数13,865点で、そのうち教育部11,684点、図書部1,493点、彝器部603点、経済部31点、統計部56点」[41]であった。

　教育部は「殆ンド学校生徒ノ手ニ成リシ所」で、「之レヲ大別シテ手工品絵画刺繍造花等トナシ」と、生徒の作品がほとんどであった。「彝器部ハ学

校用物理化学ノ諸機械類ニシテ其大半ハ上海科学彝器館ノ出品」で、「図書部」は「上海商務印書館ノ出品ニ係ル電気板、写真銅版、凸凹圧板等」「清国現今ノ教育ガ全ク我日本ヨリ伝授セシモノナルヲ以テ其出品モ皆日本ヲ師祖トナシツツアリ」[42]と日本をそのままモデルにした作品が多かった。

表3　奨を得た出品物

	奏奨	超等奨	優等奨	金牌奨	銀牌奨	総計
教育	4	5	27	168	762	966
化学工業	12	23	28	85	211	359
染織	8	50	81	259	433	831
製作工業	0	4	19	100	219	342
農業	4	4	14	94	362	478
美術	10	34	98	253	879	1274

出典：「甲、南洋第一次勧業審査得奨統計表」南洋勧業会日本出品協会『南京博覧会各省出品調査書目次』東亜同文会調査部編纂部、明治45年6月、31-32頁。

　この教育館の出品に関しては、吉田光邦によると「外国の美女や外交の景物を描くものの多いのは『国家を消滅する思想』である」[43]、『南洋勧業会研究会報告書』によると、「教育館のすべての図画で、その程度に合うものは1000分の1に過ぎない」[44]と容赦ない批判もあった。特に、教育館の出品物として、「成績はいいが教育に適さず、国民教育を妨げ、教育原理に背くもの」として、「墨画の中のすべてが日本妓女像というのは学校の教科として教育原理に背く」と外国直輸入の見よう見まねの作品には批判があった[45]。

7．日本の清国派遣、イギリス派遣

　南洋勧業博覧会の時期は、日英博覧会（1910年）などが重なった。日英博覧会事務局嘱託工学博士が、英国ロンドンの日英博覧会出品に関する事務所[46]へ出張している。

　日本は南洋勧業博覧会にも日本出品協会から出品し、南洋勧業博覧会では、1910年5月8日に、第二参考館日本部が開館した(47)。1910年6月20日、審査部が成立し、7月2日審査が着手され、6月21日審査科と出品科が集まり、各館を検査し外国品を剔除することにした(48)ため、海外からの出品は審査の対象にはならなかった。

　日本の出品物については、はっきり書かれていない資料が多いが、大阪砲兵工廠附陸軍砲兵上等工長が「清国南京博覧会出品ノ兵器組立及説明ノ為メ」(49)派遣されていることから、近代兵器の出品があったことは分かる。1900年4月14日、東京大阪両砲兵工廠へ達案で「南京博覧会へ出品兵器貸渡ノ件」という資料もあり、砲兵工廠から南京に兵器が輸送された事実がある。

　日本からの南洋勧業会への訪問者は、吉田光邦が示すように、大学、商業学校から来ている(50)が、特筆すべきは「広島高等師範」(51)の訪問である。南洋勧業博覧会は、教育関連の出品が特徴ある博覧会であった。

　南洋勧業博覧会の事務所が、日本観光団を歓迎し、観察演説の言葉を述べた時、「地域はすでに東亜に同じ、人種もまた同じ黄色人種、文字、宗教もまた同じかな」と、同種同文を強調している。一方で、「諸君のこの目的はもとより両国国民の情を良くするもので、その次に南洋勧業会に参観し、南洋の生産力を見るものである。しかし今の南洋勧業会は諸君の観察を辱めるに足る。会場の設備は費用が少なく完全ではなく、物品の徴集も特に促すとはいえ、多くが漏れている」(52)と、博覧会の水準としては十分な水準に至っていないと謙遜するものであった。

おわりに

　中国国内の近代化に伴い、西洋の学問を学んだ知識人や官僚によって産業振興の重要性が認識され、そのための一策として博覧会への参加、国内での全国的な博覧会の実施に踏み切る。清末は多くの知識人が欧米に留学をし、南京にも多くの欧米に関する情報が入っていた。

　そのようななかで博覧会は、知識人による欧米の学問に立脚した科学や文化、芸術のなかで、科学的なものに関する覚醒と、文化的なものでは中国的なものへの郷愁を改めて人々に感じさせたといえる。しかし帝国主義のイギリス、ドイツ、アメリカ、日本の南洋勧業博覧会への出品は、当時の中国にとって全く益がなかったわけではないが、決して単純な技術交流ではなかったといえる。

（本文中の簡体字、旧漢字などは、筆者が現在の常用漢字に改めた）。

（1）　马敏「清末第一次南洋劝业会述评」『中国社会经济史研究』1985 年第 4 期、77 頁。
（2）　杨东风「中国参加 1906 年米兰国际博览会研究」江西师范大学硕士论文、2008 年、7-15 頁。
（3）　俞力主編『历史的回眸　中国参加世博会的故事 1851〜2008』东方出版中心、2009 年、4 頁。吉田光邦「1910 年南洋勧業会始末」吉田光邦編著『万国博覧会の研究』思文閣出版、1986 年、335 頁。
（4）　アジア歴史資料センター（以下、JACAR と略）、Ref.A01100111300、公文録・明治八年・第百五十五巻・明治八年十一月・内務省伺二「清国江官員派遣之儀ニ付伺明治 8 年 10 月 27 日」。
（5）　吉見俊哉『博覧会の政治学』中公新書、1992 年、126 頁。
（6）　前掲、馬敏論文、73 頁。
（7）　胡斌『世博与国家形象』上海世纪出版、2010 年 4 月、2 頁。
（8）　上海图书馆編『中国与世博历史纪录（1851-1940）』上海科学技术文献出版社、2002 年、6 頁、16 頁、30 頁。他にも、前掲、杨东风論文、58-60 頁。谢辉『陈琪与近代中国博览会事业』浙江大学博士论文、2005 年、199-202 頁。
（9）　董增刚「晚清赴美赛会述略」『北京社会科学』2000 年第 2 期、99-102 頁。
（10）　前掲、俞力主編『历史的回眸　中国参加世博会的故事 1851〜2008』、52-53 頁。
（11）　吉田光邦『改訂版　万国博覧会—技術文明史的に』日本放送出版協会、1985 年、136 頁。
（12）　同上、127 頁。
（13）　苏克勤・余洁宇『南洋劝业会图说』上海交通大学出版社、2010 年 5 月。
（14）　前掲、上海图书馆編『中国与世博历史纪录（1851-1940）』99 頁。

(15) 「籌辦南洋勸業博覽會摺（光緒34年11月）」『中国早期博览会资料汇编（一）』全国图书馆文献缩微复制中心、2003年、1頁。
(16) 同上、2頁。
(17) 前掲、吉見俊哉『博覧会の政治学』127頁。
(18) 前掲、吉田光邦『改訂版　万国博覧会―技術文明史的に』127-128頁。
(19) 前掲、吉田光邦「1910年南洋勧業会始末」337頁。
(20) 南洋勧業会日本出品協会『南京博覧会各省出品調査書目次』東亜同文会調査部編纂部、1912年6月、8頁。前掲、吉田光邦『万国博覧会の研究』、339頁より引用。
(21) 前掲、上海图书馆编『中国与世博历史纪录（1851-1940）』99頁。
(22) 前掲、南洋勧業会日本出品協会『南京博覧会各省出品調査書目次』1頁。
(23) 同上、『南京博覧会各省出品調査書目次』、2頁。
(24) JACAR：Ref.B08090152600、在南京領事井原真澄「南洋勧業会開会中軍艦派遣ニ関スル件」明治43年5月16日、「南京地方ニ暴徒蜂起ニ付報告ノ件並南洋勧業博覧会開催中軍艦派遣ノ件（上海付近ノ暴動ヲ含ム）」、外務省記録5門軍事3類暴動及び内乱2項外国清国各地暴動雑件第4巻。
(25) 同上。
(26) 注（22）と同じ。
(27) 「附刊勧業會説略」、前掲、『中国早期博览会资料汇编（一）』302頁。
(28) 前掲、吉田光邦『改訂版　万国博覧会―技術文明史的に』128頁。
(29) 「南洋勧業會遊記」、前掲、『中国早期博览会资料汇编（二）』114頁。
(30) 前掲、吉田光邦「1910年南洋勧業会始末」352頁。
(31) 朱英「端方与南洋劝业会」『史学月刊』1988年第1期、70頁。
(32) 同上。
(33) 前掲、吉田光邦「1910年南洋勧業会始末」352頁。
(34) 「南洋勧業會遊記」、前掲、『中国早期博览会资料汇编（二）』21頁。
(35) 前掲、『南京博覧会各省出品調査書』30頁。
(36) 同上。
(37) 同上、37頁。
(38) 「南洋勧業會遊記」、前掲、『中国早期博览会资料彙编（二）』85頁、112頁、138頁。
(39) 金京沢「20世紀初頭の中国の理科教育論の形成における日本の影響に関する研究」『理科教育学研究』vol.42、No.2、2002年。
(40) 「南洋勧業會審査得獎名冊」、前掲、『中国早期博览会资料汇编（一）』107頁。
(41) 前掲、南洋勧業会日本出品協会『南京博覧会各省出品調査書目次』204頁。
(42) 同上、205頁。

(43)　前掲、吉田光邦『万国博覧会の研究』345-346 頁。

(44)　「南洋勧業會研究會報告書　部乙」、前掲、『中国早期博览会资料汇编（三)』
　　　138 頁。

(45)　同上、102-103 頁。

(46)　JACAR：Ref.A04010226300、明治 43 年 3 月 26 日「日英博覧会事務局
　　　嘱託員工学博士平賀義美英国ヘ農商務技手小橋三雄清国南京地方ヘ派遣ノ
　　　件」公文雑纂・明治四十三年・第十八巻・司法省・文部省・農商務省。

(47)　前掲、南洋勧業会日本出品協会『南京博覧会各省出品調査書目次』、17 頁。

(48)　同上、19 頁。

(49)　JACAR：Ref.A04010221500、明治 43 年 9 月 23 日「陸軍砲兵上等工長
　　　清国ヘ差遣ノ件稟議」公文雑纂・明治四十三年・第十七巻・陸軍省・海軍
　　　省。

(50)　前掲、吉田光邦「1910 年南洋勧業会始末」353 頁。

(51)　前掲、『南京博覧会各省出品調査書目次』29 頁。

(52)　「勧業會事務所歡迎日本觀光團坐辦陳觀察演説詞」庚戌 5 月 13 日申報第 3
　　　張第 2 版、附録一『東方雑誌』有關南洋勧業會的報道、前掲、『中国早期博
　　　览会资料汇编（二)』541 頁。

参考文献

野沢豊「辛亥革命と産業問題――一九一〇年の南洋勧業会と日・米両実業団の中国訪問―」東京都立大学人文学部『人文学報』(154)、1982 年

鈴木智夫「万国博覧会と中国 -1851〜1876-」愛知学院大学人間文化研究所紀要『人間文化』11、1996 年 9 月。

名古屋学院大学総合研究所『国際博覧会を考える―メガ・イベントの政策学―』晃洋書房、2005 年 4 月

上海市老科学技术工作者协会『走近世博会　迎接百年难逢的大机遇』上海科学技术文献出版社、2007 年 6 月

中国第一档案馆编『清宫万国博览会档案 1-6』广陵书社、2007 年 12 月

山路勝彦『近代日本の植民地博覧会』風響社、2008 年

伊藤真実子『明治日本と万国博覧会』吉川弘文館、2008 年 6 月

宋超主编『世博读本』上海科学技术文献出版社、2008 年 8 月

WangZhongwei”The World Exposition Reader”Shanghai Scientific &Technology Literature Publishing House,2008.8

上海图书馆主编『城市・生活 2010 上海世博会讲坛集粹』上海科学技术文献出版社、2008 年 8 月

『上海世博』杂志编辑部『走进世博会 世博知识 150 问』东方出版中心、2008 年 10 月

『上海世博』杂志编辑部『世界文明的盛会 走进中国 2010 年上海世博会』上海人民出版社、2009 年 2 月

全冰雪『世博会奖牌收藏与鉴赏』上海社会科学院出版社、2009 年 4 月

全冰雪『世博会中国留影』上海社会科学院出版社、2009 年 4 月

郑时龄・陈易『世博与建筑』东方出版中心、2009 年 4 月

上海音像资料馆・上海文广新闻传媒集团外语频道『世博档案 穿越百年的盛事繁影』上海书店出版社、2009 年 4 月

『上海万博』誌編集部『中国 2010 年上海万博ガイドブック』中国出版集団、中国对外翻訳出版公司、2009 年 4 月

小羽田誠治「南洋勧業会の実態と清末における近代化政策の限界」中国文史

哲研究会『集刊東洋学』(104)、2010年

國雄行『博覧会と明治の日本』吉川弘文館、2010年6月

王静主編『中外社会文化与世博会』上海人民出版社、2010年6月

程旭『世博与日本』上海世紀出版社、2010年7月

小羽田誠治「南洋勧業会はなぜ開催されたのか一清末新政の特質についての
一考察一」宮城学院女子大学『人文社会科学論叢』2011年3月

于臣「近代日中実業界からみる民間外交の一側面—南洋勧業会と近藤渡清実
業団を中心に」島根県立大学北東アジア地域研究センター『北東アジア研
究』(23)、2012年3月

小羽田誠治「西湖博覧会における南洋勧業会の『記憶』」宮城学院女子大学
『人文社会科学論叢』2013年3月

トピックス：「南洋勧業会工芸館」

(注（29）、27-31頁より。「南洋勧業會觀會指南目録」同左、415頁より)

　建築は教育館と同じで、会場の南、正門の西にあり、教育館と対峙してい
た。模型、実物などを陳列した。染織工芸部はどんす、採鉱冶金部は鍾乳
石、陶器部は宜興の出品、土木建築部は西洋式家屋の模型、江蘇教育総会の
単級小学校の校舎模型に説明書が付いている。建築は中国式で簡単なもの
で、貧しい地域に建てることができる。教育普及の助けとなる。染色工業第
二部は花模様の麻の薄手の平織布地、製作工業部は香炉、化学工業部はチョ
ークなどであった。学界では、真筆版油墨を用いているが大抵は日本から毎
年これを購入し、全国で計ると多くを消費している。広東、江西各館ではこ
の品を陳列しているが、これは利権を挽回する一端である。

　陳列館では、安く売って教育界が益を得ている。このほか各種教育応用
品、糊、墨水、などがある。

（写真：南洋勧業会教育館、工芸館）
「南洋勸業會觀會指南目錄」、前掲、『中国早期博览会资料汇编（一）』350
頁より。

第2章　民国期の博覧会 —西湖博覧会—

柴 田 哲 雄

はじめに

　西湖博覧会は、民国期初の内国博であり、1929年6月6日から10月20日まで、休会を挟んで実質128日間にわたって、杭州の西湖の四周を会場として、浙江省政府の主催の下で開催された。その開催趣旨は、「西湖博覧会章程」の第一条で、「浙江省政府は実業を奨励し、国産を振興するために杭州の西湖で博覧会を開催する」[1]とあることから明らかなように、何よりも国貨（国産品）振興にあった。ちなみに参観者はのべ17,617,711人に達し、視察団体も総計で1,997組あった[2]。

　ここで西湖博覧会の背景となる民国史について概観するとしよう。まず政治史についてだが、孫文らの活躍により1911年に辛亥革命が成就し、清朝が打倒されて、新たに中華民国が成立したものの、その内政は安定からはほど遠かった。北洋軍閥の巨頭、袁世凱は孫文から大総統のポストを譲り受けると、独裁支配を強め、国会を解散し、孫文らが制定した臨時基本法を停止した。挙句の果てには、内外の反対により最終的に潰えたものの、帝政復活をさえ企てるに至った。袁世凱亡き後の北洋軍閥は直隷派と安徽派に分裂し、さらには地方軍閥をも巻き込んで軍閥間の内戦が展開された。一方、孫文らは「護法（旧臨時基本法の擁護）」を呼びかけ、広州を拠点に旧国会議員を招集し、西南軍閥と提携して1917年に広東軍政府を組織した。だが配下の軍閥の反乱に度々直面した孫文は、1923年にソ連の援助を受け入れ、自ら指導する国民党と中国共産党の合作の道を選択することとした。孫文亡き後、国民党は蒋介石の指揮の下で1926年より北伐を進め、中途で共産党に対するクーデターをはさみつつも、1928年に北京を占領した。さらに日本

軍に爆殺された東北軍閥の張作霖の後を継いだ張学良が蒋介石に合流したことから、ついに同年に国民党の下での全国統一が実現した。

次いで日中関係史について見てみよう。辛亥革命後の1914年に第一次世界大戦が勃発すると、大隈重信内閣は、日英同盟を理由にドイツに宣戦を布告し、ドイツ権益が集中していた山東省を攻略した。さらに大隈内閣は袁世凱政権に対して、山東省などの権益を確保するために悪名高い21カ条要求を突きつけ、袁に受託させた。大戦後の1919年のパリ講和会議においても、日本の要求は英仏などの協商諸国の追認を受け、中国代表の撤回要求は斥けられるところとなった。こうした事態に対して、同年5月4日に北京大学学生らによる反帝国主義運動が起こると、瞬く間に全国に広がり、各地で講和条約調印拒否、日貨排斥などを求める民衆運動が展開された。このいわゆる五・四運動の結果、北京政府はヴェルサイユ講和条約への調印拒否を決断することとなった。一方、米国の主導の下に1921年から始まったワシントン会議では、中国の半植民地状況を維持しつつも、大戦中の日本の独走的な対中進出を抑止するために、日本は山東権益の中国への返還を強いられた。だが蒋介石の北伐軍が山東省に迫ると、田中義一内閣は在留邦人保護を名目に山東出兵に踏み切り、西湖博覧会開催前年の1928年に済南事件を引き起こして、山東省の権益へのあくなき野心を中国社会に印象付け、反日感情を呼び起こした。

経済史について見ると、内政の混乱や日本の侵略にも関わらず、大戦により欧州諸国の経済進出が停滞していた間に、上海を中心とした長江下流域では紡績や製粉などの軽工業を中心に民族産業が急速に発展した。なお大戦期には日米の対中投資が急増したが、特に日本の場合には紡績業の進出が主であり、中国の民族産業とは競合関係にあった。政治的に中国統一を成し遂げた国民政府の次なる課題は、民族産業の要求に沿って経済を発展させることであり、その一環として1930年には日本との粘り強い交渉の末に、関税自主権を完全に回復することに成功した。西湖博覧会も国貨振興、すなわち日本商品との競合を強いられている民族産業の発展を期するという趣旨から開催された。

さて、西湖博覧会に関する先行研究について言及することにしよう。邦語

による研究は管見の限りほぼ皆無であるが、中国では 2004 年の西湖博覧会
開催に伴って、改めて 75 年前の同地での博覧会に注目が集まり、近年、
様々な書籍や論稿、史料集が刊行されている。こうした中国の先行研究は、
西湖博覧会の概要について紹介しつつ、その関心を専ら博覧会の開催と経済
発展との関係に置く傾向がある。だが「国産を振興する」という開催趣旨か
ら読み取れるように、西湖博覧会の開催は一方で中国ナショナリズムと密接
に結び付いており、かつ上述のように中国ナショナリズムが、済南事件の勃
発や在華紡の伸張などといった日本の大陸進出と対峙し合っていたという状
況を踏まえるのならば、西湖博覧会をめぐる日本の動向がどのようなもので
あったかというテーマも考察に値するであろう。

　本章の構成であるが、日本では西湖博覧会がほとんど知られていないこと
から、先行研究を参照しつつ、1 で西湖博覧会開催の経緯を、2 で各パビリ
オンの展示趣旨をそれぞれ見ることとし、3 において西湖博覧会をめぐる日
本の動向を考察する。

1.　西湖博覧会開催の経緯

　西湖博覧会に先立って開催された初の内国博である南洋勧業会から見るこ
とにしよう。まず 1909 年 10 月 28 日から 12 月 12 日にかけて、初めての
数省規模の地方博覧会として、武漢勧業奨進会が開催された。その成果など
を基盤として、両江総督の端方の上奏により、翌 1910 年 6 月 5 日から 11
月 29 日まで南京において、南洋勧業会が「実業救国・教育救国」を趣旨と
して実現の運びとなった。だが南洋勧業会の翌年に辛亥革命が勃発し、その
後も内戦が続いたために、武漢勧業奨進会が立案し 1916 年に開催予定であ
った両湖博覧会が実施中止になるなど、次なる内国博の開催は、国民政府に
よる北伐の完成を待たねばならなかった。

　この南洋勧業会については、西湖博覧会当局は、「西湖博覧会計画・開設
の趣意書」において、継承すべき催しとして位置付けていた。しかしながら
関係者の間で国貨振興の見地から、南洋勧業会の展示の一部に対して不満が

上がっていた。例えば、当時発行された『西湖博覧会指南』に収録された湖
傭執筆の「党化の西湖博覧会」では、西湖博覧会においては南洋勧業会の京
畿館のように「乾隆大帝の象牙製の御席を持ち出して誇示する」ようなこと
は避けて、「本国の産出になる全国の人民の食物、衣服、住居、行動に関わ
る日用品を陳列する」ことに徹すべきであると主張していた[3]。また西湖博
覧会の参観者のなかからも、南洋勧業会に対する批判が出されていた。例え
ば、『西湖博覧会総報告書』に収録された一般参観者と思しき陳徳徴執筆の
「西湖博覧会についての感想」では、開催に当たって莫大な経費を費やした
にもかかわらず、「南洋勧業会開催の以前と以後とを比較してみると、国貨
に関する工商業の進歩は依然として微々たるものであった」と指摘してい
た[4]。

　南洋勧業会を批判的に継承した西湖博覧会が開催されるまでには、なおも
いくつかのより小規模な国貨展覧会の催しがあった。まず北伐が完成する
1928年4月に、国民政府工商部長の孔祥熙が、国貨の発展を期して工商部
主導による中華国貨展覧会の開催を提議した。そして了承されると、工商部
は、開催準備活動の一環として、各省に地方規模の国貨展覧会を開催するよ
うに訓令した。これを受けて上海では、孔祥熙自ら中華国貨展覧会の先駆と
位置付けた夏秋国貨用品展覧会が、同年7月7日から20日まで開催され
た。

　このような半年余りの準備活動を経て、上海で同年11月1日から翌年の
1月3日まで、工商部及び上海特別市政府や商会との協同の下で、中華国貨
展覧会が開催された。同展覧会には食用原料、製造原料、毛皮・皮革製品、
パラフィンワックス、加工食品・飲料、紡績製品、建築工業品、健康用品、
家庭用品、芸術品、教育関連用品、医薬品、機械、電器など14種類に分類
された計13,271点の国貨が、22省と4特別市から出品されて展示されて
いた。こうした出品物に対しては、工商業の専門家が審査を行ない、特等
賞、優等賞、一等賞、二等賞の入賞数はそれぞれ132点、657点、883点、
452点に及んだ[5]。中華国貨展覧会の閉幕からおよそ5ヵ月後に、浙江省政
府主催の西湖博覧会は開幕を迎えることとなった。西湖博覧会は、『西湖博
覧会指南』にあるように、まさに国貨振興の見地から、「中華国貨展覧会を

継承するべく準備した」ものにほかならなかった[6]。

　次に、西湖博覧会の主催者について見ることにしよう。西湖博覧会の計画
そのものは、国民政府が北伐の完成によって全国を統一する以前から存在し
ていた。元々1924年初めに、当時の浙江省の支配者であった浙江軍事善後
督辦の盧永祥や省長の張載揚が開催を立案した。しかし立案からまもない同
年9月に西湖博覧会の計画は水泡に帰してしまった。盧永祥と江蘇省の軍
閥の斉燮元との間で上海をめぐる戦役が勃発し、盧永祥軍の主力が戦争の前
線である蘇州に赴いて浙江省の守備が手薄になっている間に、杭州が福建省
の軍閥の孫伝芳の軍によって攻略されてしまったからである[7]。

　北伐が完成した1928年10月に、浙江省政府主席の何応欽は、かつての
西湖博覧会の計画を再び取り上げて開催を決定し、さらにその直後に何応欽
に代わって省政府主席に就任した張静江が引き継いだ。西湖博覧会の会長と
副会長には、張静江と浙江省建設庁長の程振鈞が就任した。程振鈞は西湖博
覧会準備委員会の主席をも兼ね、国内の600余りの各分野の専門家を同委
員会の委員に招聘し[8]、開催に向けて実務を取り仕切った。西湖博覧会はま
た国民政府の各部・委員会の協力をも得ていた。工商部と財政部は各省から
の出品物に対する免税措置を取り、鉄道部は出品物の輸送費を通常の半額と
したほか、会期中における滬杭鉄道の利益の20％を博覧会に寄付するとし
た[9]。もっとも国民政府からの経済的援助は、博覧会開催に伴う諸経費の大
幅な赤字を補填するには全く十分なものではなかった。西湖博覧会自体の総
収入が銀元で45.6万元余り、滬杭鉄道からの援助などが30万元余りなの
に対して、総支出は122万元余りにまで達していたからである[10]。

　さて、主たる出品者である民族資本家や南洋華僑は、国貨振興を趣旨とす
る西湖博覧会に対して積極的な参加姿勢を示していた。博覧会当局がスタッ
フを中国各地に派遣した結果、出品に関しては、当地の商会が責任を負うこ
ととなり、また商会の協力によって各地に準備委員会が組織された。特に商
工業の中心である上海では、総商会が西湖博覧会上海事務所や上海市社会局
とともに、上海工場・商店西湖博覧会参加準備委員会を組織したほか、各国
貨団体が博覧会の会場内に百貨店や事務所を設置した。一方、南洋華僑も西
湖博覧会当局のスタッフの現地入りに応え、各地の総商会が現地の特産品を

中心とした出品に責任を負い、さらに南洋華僑の視察団が博覧会会場にまで足を運んだ[11]。

2. パビリオンの展示趣旨

　西湖博覧会全体の開催趣旨は国貨振興であったが、各パビリオンはその総合的趣旨の下で、さらにいかなる個別趣旨に基づいて展示されていたかを見ていくことにしよう。博覧会のパビリオンとしては、革命記念館、博物館、芸術館、農業館、教育館、衛生館、シルク館、工業館、特殊陳列所、参考陳列所があった。革命記念館では烈士の遺墨、遺影、遺物、戦場の写真などを陳列して、参観者から「敬慕のこもった共鳴」を得ることにより、「革命精神」を呼び起こすことを趣旨としていた。博物館では鳥獣、魚介類、昆虫、鉱物、植物などを、逐一詳細な説明を付して陳列しており、「一度見れば、しかと見識を増すことができ、十年間の勉強に勝るであろう」とした。芸術館では、その展示品の範囲は中国伝統の絵画、書道、彫刻、土偶、刺繍から近代の水彩画などまで網羅しており、参観を通して「芸術崇拝の心情を沸き立たせ、興味を抱いて研究に向かわせる」ことを企図していた。

　農業館では各種の農産物、農具、肥料を陳列し、病害や虫害の防除方法を系統立てて説明することにより、「栽培、農具、肥料などについて十分に進歩を促す」ことを趣旨としていた。一般人が農作業に関して無知なだけでなく、「農業従事者もただ昔ながらの方法を墨守するばかりで、改善を求めようとせずに、一度災害に遭うや、なす術を知らずに、成り行きに任せている始末である」という現状に鑑みた展示であった。教育館では、各種の教育で用いられている書籍、器具、玩具、及び教育に関する統計表、教育事業に携わった先哲の遺業、全国の学生の成績表などといったものを紹介していた。そうした紹介を通して、「青年の意思や性質を認識し、教学方法を改良し、教育を普及させる」ことを企図していた。衛生館では、「衛生問題とは、小は個人の健康に関わり、大は民族の栄枯に関わるものである」という認識から、「民族の健康を努めて求める」ことを趣旨として掲げていた。そして人

体の生理に関する各部分、各種の疾患の状況や原因、各種の細菌の繁殖、各種の漢方・西洋薬、医療器具、体育用品、飲食加工製品を陳列していた。〔写真：シルク館の服飾部内の結婚式場モデル　王水福主編、趙大川編著『図説首届西湖博覧会』西冷印社、2003年、242頁より引用〕

　シルク館では、「比較によって競争を生じ、競争によって研究を起こせば、絹織物の前途には必ずや進歩が見られるであろう」という趣旨から、綸子、紗、繻子などの絹織物を陳列していた。その他に養蚕を行なう際の各段階、並びに繭から生糸へ、生糸から絹織物へと加工する際の各段階をも紹介していた。絹織物が中国の特産品であり、毎年国内外で大量に販売されているものの、「近年、絹織物の国際貿易では、競争が益々熾烈になっている」現状に鑑みた展示であった。工業館では、以下のような二つの効果を企図して、絹織物以外の磁器、漆器、銅器、綿織物、日用品を陳列していた。

　　…第一に、我が国には本来このように多くのものがあって、我々皆の用に供せられているからには、外国の商品を買うには及ばないということを、人々が理解し得るようになる。第二に、良いものと悪いもの、精巧なものと粗雑なも

のを一つ所に陳列することで、誰の出品が良く、もしくは悪いかということについて、正確に比較し認識し得るようになる。また各商工業者は競争のなかで、出品に向けて精進するようになる。

　特殊陳列所では、上述の8棟のパビリオンの範疇には属していないものの、国家建設において重要な事項、すなわち社会問題、政治問題、経済問題、道路計画、実業計画に関する統計図表や計画図表が展示されていた。参考陳列所では、外国産の機械や原料を陳列し、「我が国の建設事業、及び製造工場や商店の参考に供する」ことを趣旨としていた。「我が国の工業はなおも萌芽段階にあり、機械の性能も良くなく、多くの原料も欠乏したままであり、それは嫌でも否認することができない」という現状に鑑みた展示であった。

　パビリオン全体で、国貨振興という西湖博覧会開催の元来の趣旨を直接的に反映しているものとしては、農業館、シルク館、工業館、参考陳列所が挙げられる。一方、その他のパビリオンの展示趣旨は、統一達成後の国家建設の諸側面を反映したものであると言えよう。無論のこと国貨振興そのものも国家建設の重要項目の一つであった(12)。このように西湖博覧会の各パビリオンの展示内容は、単に国貨振興にとどまることなく、総体的な国家建設の促進をも意図することにより、民国期初の内国博にふさわしい内容を整えることができたのである。

　ちなみに、計10棟のパビリオンで展示されている出品数は、革命記念館で3,316点、博物館で4,035点、芸術館で3,645点、農業館で7,519点、教育館で12,778点、衛生館で3,237点、シルク館で1,610点、工業館で9,450点、特殊陳列所で9,898点、参考陳列所で1,704点に上った。展示物に対する審査に関しては、農業、工業、シルク、教育、衛生、特別産品という6つのジャンルにまたがる小委員会を設けた。そして数多ある出品のうち、特等賞には85点、優等賞には236点、一等賞には249点、二等賞には399点が、それぞれ選ばれた(13)。

3. 西湖博覧会をめぐる日本の動向

　西湖博覧会に対する日本側の視察団の動きを見てみよう。当時、西湖博覧会を視察した主だった団体としては、東京府立第一商業学校、山口商業学校、東京外国語学校、日本農学会、大阪市教育会などがあった[14]。こうした視察団のうち、視察に際して行なった講演の記録が『西湖博覧会総報告書』に収録されたのは、唯一日本農学会関係者によるもののみであった。日本農学会関係者の佐藤寛次、中田覚五郎、宗正雄、大槻成雄、大沢一衛らは、南通で開催された中国の農学会との合同会議に参加した後、8 月に汽車で杭州にやって来て、西湖博覧会を参観したほか、杭州の各寺院を拝観し、博覧会当局が催した歓迎祝宴に臨んだ。祝宴の席上で宗正雄は、日本が西洋から学んだ先進的な農業技術を中国にも伝えたいという旨を述べた際に、「学問にはかつて門戸などなかった」という信念から、「貴国で千年前から文化が発達していたお陰で、弊国は進化することができた。今やかつての恩に対して謝意を表し、貴国に利益をもたらすべきである」と付け加えた[15]。このように日本側の一部には、国貨振興を趣旨とする西湖博覧会の開催に理解を示し、中国に対して技術支援をすべきであると唱える者もいた。しかし日本農学会関係者のような、西湖博覧会の開催に対する理解と支援の表明は、当時の日本側の博覧会に対する対応のなかでは例外的な動きでしかなかった。

　次いで、在外公館の西湖博覧会に対する対応を取り上げることにしよう。博覧会開催当時、杭州の日本領事代理を務めていた米内山庸夫は、9 月 16 日付けで幣原外務大臣に宛てて、「西湖博覧会に於ける排日宣伝中止に関し報告の件」という機密電報を送付していた。以下にその機密電報を引用することにしよう。

　　西湖博覧会においてはその開会の当時、なお一般に排日の気運相当濃かりしため、会場内外装飾の万国国旗中に日本国旗を除外し、また芸術館目貫きの場所に「五三」と題する、済南事件中日本兵蔡公時を惨殺する図の大油絵を掲げ、

相当観覧者の注目を引きおりしを以て、本官は右二件に関し、

　一、国旗問題に関しては趙交渉員に対し、日本は支那と友邦にこそあれ、敵国にも交戦国にもあらず。然るに万国旗中日本国旗を除外するは国際礼儀上面白からず。この点考慮を促がす旨述べ、

　二、又「五三」油絵に関しては、これが撤回の正式交渉は極めて「デリケート」なる問題にして、その交渉の方法如何によりては、排日者の気勢をますます高からしむるのみならず、その結果においてかえって宣伝の効果を挙げしむるおそれあり。よほど慎重に取り扱うことを要すと認められしを以て、本官はこれを表向き交渉とせず、非公式に趙交渉員に対し、支那側より自発的にこれを撤回するよう配慮方適当懇談せし…[16]

機密電報における「その開会の当時なお一般に排日の気運相当濃かりし」という情勢の背景には、西湖博覧会開催の前年に立て続けに起こった済南事件、張作霖爆殺の真相の露呈、及び日中通商条約廃棄問題を契機に中国全土で沸き起こった排日貨運動があった。排日貨運動を遂行するために組織された反日会は、日本製品の取引を監視し、中国商人に日本人との契約解消を迫り、在庫の日本製品の登記を要求した。そして中国製品によって代替できない品目を除く日本製品の取引に際しては、救国基金に寄付金を納入し、許可を得なければならないとした。排日貨運動の主要な標的は中国の綿製品と競合していた日本の綿糸布であった[17]。

　西湖博覧会の主要な開催趣旨である国貨振興は、日貨排斥と密接に結び付きつつ、それをさらに補完するものとなり、日本側に脅威を与えていた。上海日本商工会議所が設立した金曜会の言を借りれば、従来の国貨振興運動は、「しょせんは排外運動に伴う感情的、政治的の運動であったため、排外運動が何とかかたがつけば……いつか立ち消えとなり、永続的に継続したものはかつてなかった」。しかし西湖博覧会開催前後になると、国貨振興運動は「にわかに確固たる経済的根拠をもった力強い経済行動に転化する傾向顕著とな」るに至った。すなわち「現在、支那一般民衆の生活必需品の大部分は、ほとんどこれを日本品に仰いでいる関係上、これに対するボイコットは必然的に国民の経済生活に影響を及ぼしたが、さればとて日本品に代わるべ

き低廉なる必需品を外国に求め得ざるため、支那側としては是が非でも国産を奨励して、日本品に代わるべきものを自給自足する必要に迫られ」たところ[18]、ようやくそれに応えることができるようになったのである。こうして排日貨運動は国貨振興運動と結び付くことにより、中国にとって競合品目であった日本製の綿糸布のみならず、中国が従来日本の供給に頼っていた品目にまで、ボイコットの対象が広がることになりかねない情勢となってきた。

　日本商工会議所は、国貨振興運動の一環として、夏秋国貨用品展覧会のような国貨展覧会開催の計画が実施に移されていることに危機感を抱いていた[19]。上述のように夏秋国貨用品展覧会が中華国貨展覧会の先駆と位置付けられ、さらに西湖博覧会が中華国貨展覧会の継承とされている以上、日本の商工業者が西湖博覧会に対しても強い懸念を有していたことは、想像に難くないであろう。

　また、そうした懸念をさらに増幅させるかのように、西湖博覧会開催に伴って 7 月 1 日に挙行された国貨運動宣伝週間の開幕式典に、浙江省国民救国会代表の魏紹徴が出席して、「徹底した敵国商品の排斥と積極的な国貨の振興」という演説を行なうといったような事態が起こった[20]。前述の杭州領事代理の米内山庸夫は、西湖博覧会開幕直前の 5 月に、「南京中央党部より命令」を受けて、日貨排斥を牽引してきた当地の反日会が国民救国会と改組されたものの、「単に名義を改めしめたるに過ぎず、何等実質の変改なく」と見なし、魏紹徴もその指導者の一人として明記していた。そして「機会と政府側の方針如何によりては、かなり有効且つ徹底的に活動し得る潜勢力を有することは注意を要するものと認めらる」と警戒を強めていた[21]。

おわりに

　西湖博覧会は、中国初の内国博である南洋勧業会を批判的に継承し、北伐後に国貨振興の見地から催された夏秋国貨用品展覧会、中華国貨展覧会を引き継いで、民国期初の内国博として、1929 年 6 月から 10 月にかけて開催

された。西湖博覧会開催の立案を最初に提起したのは、浙江軍閥であったが、その計画は内戦のために水泡に帰してしまい、北伐終了後に浙江省主席となった張静江のイニシアティブの下で開催の運びとなった。開催に当たっては、国民政府の協力、並びに主たる出品者である民族資本家や南洋華僑の積極的な参加が得られた。また参観者ものべ約 1,760 万人に達し、盛況であったと言えるだろう。

西湖博覧会のパビリオンには、革命記念館、博物館、芸術館、農業館、教育館、衛生館、シルク館、工業館、特殊陳列所、参考陳列所があった。このうち国貨振興という博覧会全体の趣旨を直接的に反映しているパビリオンは、農業館、シルク館、工業館、参考陳列所であり、一方、その他のパビリオンは、統一達成後の国家建設の諸側面を体現するものとなった。このように西湖博覧会は、単に国貨振興にとどまることなく、総体的な国家建設の促進をも趣意とすることにより、民国期初の内国博にふさわしい内容を備えるに至った。

西湖博覧会に対する日本の動向であるが、日本農学会視察団のように、博覧会の国貨振興という趣旨に理解を示したものはむしろ例外であった。博覧会前年の済南事件などを契機に中国全土で醸成された反日の風潮の下で、杭州の日本領事代理の米山内庸夫は、博覧会における排日宣伝に対して抗議を申し入れた。さらに博覧会とも関係している当地の旧反日会に対しても警戒すべき旨を、本省に打電するなどしていた。また上海商工会議所傘下の日本商人は、排日貨運動のみならず、それと補完関係にある国貨振興運動に対しても、危機感を抱き、西湖博覧会に直接連なる国貨展覧会の開催に対して強い懸念を抱いていた。西湖博覧会は、まさに統一達成後に、国貨振興を始めとする国家建設に邁進する中国ナショナリズムと、大陸進出を企図する日本の官民が衝突する場でもあったと言えよう。

（1）　『中国早期博覧会資料彙編（四）』全国図書館文献縮微複製中心、2003 年、7 頁。
（2）　謝輝「西湖博覧会論述」『中共杭州市委党校学報』2000 年第 5 期、35 頁。

（3）　前掲『中国早期博覧会資料彙編（四）』204 頁、221 頁。

（4）　前掲『中国早期博覧会史料彙編（七）』615 頁。なお本書の初版が出版され
　　　た後、小羽田誠司「西湖博覧会における南洋勧業会の『記憶』」（『人文社会
　　　科学論叢』No. 22、宮城学院女子大学、2013 年 3 月）が発表された。小羽
　　　田は西湖博覧会が南洋勧業会を「批判的に継承した」という筆者の観点に
　　　対して批判を加えている。すなわち「西湖博覧会開催当時において、南洋
　　　勧業会は深く刻み込まれた中国共通の『記憶』とはなっていなかった」と
　　　して、両者の間には明確な関連などなかったとしている。小羽田は、西湖
　　　博覧会が実質的に「浙江省という一地方の政策として行われていた」こと
　　　から、「南洋勧業会が中国共通の『記憶』として語られる必然性がなかっ
　　　た」としている（同上、47-48 頁）。しかし常識的に考えても、西湖博覧会
　　　がたとえ実質的に地方博覧会であったにせよ、民国期初の内国博と謳って
　　　いた以上、それに先行する唯一の内国博であった南洋勧業会を参照し検討
　　　するのは自然なことであったのではなかろうか。また西湖博覧会の開催
　　　地・杭州と南洋勧業会の開催地・南京は地理的に近いことから、前者の関
　　　係者が後者を参照し検討することは比較的容易であったと思われる。

（5）　洪振強「1928 年国貨展覧会述論」『華中師範大学学報（人文社会科学版)』
　　　第 45 巻第 3 期、2006 年 5 月、83-84 頁。

（6）　前掲『中国早期博覧会資料彙編（四）』229-230 頁。なお小羽田は、元々
　　　西湖博覧会は一種の展覧会として企画され、その展示品には中華国貨展覧
　　　会のそれを借用する予定であったが、あてが外れたことを契機に、なし崩
　　　し的に規模を拡大するに至ったと指摘している（前掲、小羽田誠司「西湖
　　　博覧会における南洋勧業会の『記憶』」41-42 頁）。

（7）　王水福主編、趙大川編著『図説首届西湖博覧会』西泠印社、2003 年、
　　　150-151 頁。

（8）　なお小羽田は西湖博覧会準備委員会委員の専門家をはじめとする関係者の
　　　ほとんどが兼職であったと指摘している（前掲、小羽田誠司「西湖博覧会
　　　における南洋勧業会の『記憶』」44 頁）。

（9）　前掲、謝輝「西湖博覧会論述」33-35 頁。

（10）　鄭心雨「70 年前的杭州西湖博覧会」『中国集体経済』2000 年第 5 期、31
　　　頁。ちなみに入場料は「総門券」で一枚当たり小洋二角であった（前掲、
　　　王水福主編、趙大川編著『図説首届西湖博覧会』296 頁）。

（11）　前掲、謝輝「西湖博覧会論述」35 頁。なお小羽田は大半の出品物が浙江・
　　　福建・広東の三省からであったと指摘している（前掲、小羽田誠司「西湖
　　　博覧会における南洋勧業会の『記憶』」45-46 頁）。

（12）　前掲『中国早期博覧会資料彙編（四）』161-163 頁、303 頁、307 頁、
　　　164-166 頁、160 頁。

(13)　前掲、鄭心雨「70 年前的杭州西湖博覧会」30-31 頁。

(14)　前掲、謝輝「西湖博覧会論述」35 頁。

(15)　前掲、『中国早期博覧会資料彙編（七）』32 頁。

(16)　アジア資料センター（以下、JACAR と略）：Ref.B02030062100（第 34 画
　　　像目から）済南事件／排日及排貨関係 第九巻、外務省外交史料館。米内山
　　　庸夫は東亜同文書院の出身で、戦前には杭州の領事代理のほかに広東、済
　　　南などの領事を歴任する傍ら、陶磁器に関する学術研究をも行なっていた。
　　　米内山の中国における体験の全体像に関しては、栗田尚弥『上海東亜同文
　　　書院』新人物往来社、1993 年、「第七章　米内山庸夫」を参照のこと。

(17)　後藤春美『上海をめぐる日英関係　1925 − 1932 年』東京大学出版会、
　　　2006 年、155-156 頁。

(18)　「経済的基礎に立つ澎湃たる国貨提唱運動　支那の国貨運動の一転機来る」
　　　『金曜会パンフレット』第 39 号、1930 年 7 月 25 日、11-12 頁（金丸裕一
　　　監修・解説『抗日・排日関係史料：上海商工会議所「金曜会パンフレッ
　　　ト」』第 2 巻、2005 年、271-272 頁）。

(19)　日本商工会議所『支那南洋に於ける最近日貨排斥の経過並に影響』1929
　　　年 3 月、42-43 頁。

(20)　前掲『中国早期博覧会資料彙編（七）』500 頁。

(21)　前掲、JACAR: Ref.B02030062100（第 22-26 画像目から）。

参考文献（邦語）

池田誠・安井三吉・副島昭一・西村成雄『図説　中国近現代史（第 3 版）』
法律文化社、2009 年

中国現代史研究会編『中国国民政府史の研究』汲古書院、1986 年

森時彦編『在華紡と中国社会』京都大学学術出版会、2005 年

森時彦『中国近代綿業史の研究』京都大学学術出版会、2001 年

＊なお本章は「西湖博覧会と日本に関する覚書」（吉田富夫先生退休記念中国学
論集編集委員会編『吉田富夫先生退休記念中國學論集』汲古書院、2008 年）を大幅に
加筆修正したものである。

トピックス：「西湖博覧会記念塔」

　西湖博覧会の準備期間中においては、元々開幕に合わせて西湖に噴水池を
つくる予定であった。だが工事が困難を極めたことから、博覧会がすでに開
幕してしまったにもかかわらず、噴水池は未完工のままであった。そこで噴
水池を、高さ約 20 メートルの西湖博覧会記念塔につくり変えることとし
た。本文中に出てきた当時の杭州の領事代理の米内山庸夫は、日中戦争中に
出版した『支那風土記』において、西湖博覧会閉幕後に当初の予定を変更し
て、ようやくにして完工した西湖博覧会記念塔にまつわるエピソードを紹介
していた。そしてこうしたことから、中国人の民族性である「悠々たる心」
がうかがえるとした。一方、前出の王水福主編、趙大川編著『図説首届西湖
博覧会』によれば、満洲事変に続く第一次上海事変後に、中国の抗日ナショ
ナリズムが高揚すると、明代に倭寇を撃退した戚継光にちなんで、西湖博覧

会記念塔は「戚継光塔」と改名されたそうである（1954年に再び西湖博覧会記念塔という名称に戻る）。戦前から戦中にかけての米内山のような日本の当局者は全般的に、西湖博覧会記念塔の改名に見られるような当時の中国の激しい抗日ナショナリズムをともすると見過ごしがちになり、記念塔工事の遅延をもたらした中国人の「悠々たる心」にばかり目がいってしまったようである。西湖博覧会記念塔にまつわるささやかなエピソードからも、戦前から戦中にかけての日本の中国観のいびつさが浮かび上がってくるであろう。〔写真：西湖博覧会記念塔　前掲、王水福主編、趙大川編著『図説首届西湖博覧会』317頁より引用〕

第3章　中華人民共和国・社会主義路線期：
毛沢東時代の展覧会

泉 谷 陽 子

はじめに

　人民共和国建国から文化大革命終結までのいわゆる毛沢東時代、都市を中心に数多くの各種展覧会が開催された。とくに1950年代（以下西暦は下2桁のみを記す）前半は、新聞紙上にほぼ毎日関連記事がみられるほど盛んであった[1]。こうした展覧会は共産党の政治プロパガンダの一環であり、党が大衆を「教育」する目的で開催されていたことは明らかであるが、その政治宣伝のあり方にも時期による違いがみられる。建国初期には政策宣伝や共産主義思想の浸透を目的とするものばかりでなく、文化や娯楽的要素が強いものや衛生・科学知識の普及を目的とするものなど多種多様なテーマが設定され、都市住民を楽しませつつ啓蒙していたといえる。

　展覧会の規模や内容は、学校や職場での発表会レベルから、連日1万人以上の観客がつめかけた大規模なものまでさまざまであったが、すべて「展覧会」と呼ばれた。地域的には県や鎮レベルで企画開催された場合もあるし、農村を巡回展示することもあったが、大多数は都市で開催された。以下、中国最大の商工業都市であり、文化都市でもある上海で開催された大型展覧会を中心に検討し、展覧会を切り口として毛沢東時代の特質を抽出してみたい。

1. 建国初期：「解放」と展覧会

　中国では、国民党との戦闘に勝利した共産党が都市や地方に軍を進め、政権を握ることを一般に「解放」と呼ぶ。しかし「解放」とはいったい何からの解放なのか、人々に分かりやすく知らしめ、新政権の正統性を承認させる必要があった。そうした「解放」をめぐる展示として、「学生運動資料展」(49年11月)[2]や「労働者運動資料展」(50年2月)[3]を捉えることができる。前者では、五四運動以来の学生運動に関する写真や文献、実物、たとえば国民党によって迫害された学生の名簿や犠牲者の血染めの服などが展示された。後者は戦前からの労働運動の歴史をふり返り、困難な闘争を経て現在があることを理解させる趣旨だった。どちらの展示も共産党の指導のもと、民衆が国民党の圧政に立ち向かい奮闘した歴史を視覚化したもので、「解放」とは単に共産党の軍事的勝利ではなく、民衆の貴い犠牲のうえに獲得されたものであると訴えかけていた。こうした共産党支配の必然性や正統性を主張する歴史観は、建国後さまざまに演出されている。人気を集めた「猿から人へ展」(50年9〜10月、入場者約42万人)[4]の場合、生物の進化に関する解説や北京原人の塑像、洞穴の模型の展示といった純粋な科学展のようでありながら、「労働が人をつくる」・「労働が世界を変える」といったパートが設けられ、労働のすばらしさを鼓吹したが、それはまた労働者階級の前衛たる共産党支配の正統性を主張することにつながった。太平天国時代の実物、印や銅製の大砲二門などが初めて公開され、大変人気をよんだ「太平天国展」(51年1〜4月、約78万人)[5]では、絵画や写真・図表・模型などを豊富に使い、中国の近現代史を帝国主義との闘争、民族解放の歴史として描きだした。珍しい実物を見ようと押し寄せた観客は、こうした共産党編修の歴史をも受容することになった。

　実物の魅力は、「解放」一周年を記念して開催された「第三野戦軍戦績展」(50年5, 6月、復興公園)にもいえる。人民解放軍がいかに戦い勝利したかを図や写真、模型などを使って展示した大型展覧会だったが、100万人近くに達した観客をひきつけたのは、広場に展示された飛行機や兵器、そしてタ

复兴公园展览的美造飞机

「戦績展（復興公園）で米国製飛行機を見学する人々」
出所：文匯報 1950年6月10日

ンクなどの実演、武術やダンスなどのパフォーマンスだった[6]。翌年、広州
の光孝寺で開催された「第四野戦軍戦績展」を見学した人物はつぎのように
回想している。

　　本堂には第四野戦軍が戦った各戦役の大型模型が陳列され、進攻路や防衛線
　などが示されていた。ときに小型の爆発がおこるとトーチカが倒れ、火薬の匂
　いがして人びとを興奮させた。屋外には戦利品の大砲や兵器、さらには小型飛
　行機まで置かれていた。帆布で覆われていたが、観客がのぞくためにあちこち
　破れていた。軍人の解説員が興奮ぎみに砲弾の充填を解説、実演してくれた。
　わたしは学校から参観したが、帰宅して母親に教えると、母親もまた興味をも
　ち、わたしと一緒に見に行った。解説の若い兵士を見て、軍に入り遠くへ行っ
　たばかりの二番目の息子を思い出していた[7]。

長い戦乱を体験した直後にもかかわらず、人々が飛行機や兵器などの実物
を間近に見て楽しんでいる様子がわかる。しかし一方で兵士になった息子を

心配する母親は、若干複雑な感情を抱いていたようだ。展示物から読み取る意味は、観客の知識や経験、立場によって異なり、しばしば主催者の趣旨を外れることがある。そこに政治プロパガンダとしての展覧会の弱点があった。それを克服するために各展覧会には、多数の解説員が配置され、また、民衆に受け入れやすいように、映画やラジオ、そして年画や漫画、連環画といった民間芸術も併用された。50年2月、上海および杭州・蘇州などを巡回した「華東年画展」では、臨時憲法の役割をもつ「共同綱領」の条文を図解したものや「公債購入」を呼びかける「新年画」が展示され、公債を10口以上購入した者に似顔絵や春聯を進呈するなど公債の販売に一役買った(8)。

　ところで、政府が熱心に宣伝した「共同綱領」は、新国家が進むべき道を示すものであったが、社会主義への移行を明示してはいなかった。建国当初、中国の現実をふまえ、社会主義への移行は「遠い将来」であり、当面は「新民主主義の実現」を目指すとしていたからである。社会主義への移行が現実的になるのは、朝鮮戦争参戦後の社会経済状況の変化を経た後のことであった。つまり中国の社会主義体制は、東アジアにおける冷戦構造が、米中対立として確立していくなかで、それに対応する体制として形成されていったのである。建国初期、新民主主義的変革のなかでとくに重要視されたのは、地主から土地を没収し貧しい小作人たちに分け与える土地改革であった。それは単に土地の再分配ではなく、階級闘争としておこなわれた。そうしてこそ旧来の権力構造を変え、共産党が政権基盤を固めることができたのである。土地改革の影響は農村だけにとどまらなかった。農業生産が増加し、農村の購買力があがることで、工商業の発展を促進するといった経済的作用のほか、知識人や工商業者、学生たちを土地改革に参加させて階級意識を植え付けることが重視された。また直接参加しない都市住民にも教育的作用を及ぼすため、展覧会を開催し組織的参観をおこなった(9)。では、階級意識を植え付ける展示とはどのようなものだったのか。51年10月5日から開催された「上海市郊区・蘇南区土地改革展」をみてみよう。新聞に掲載された写真からは「地主が農民を迫害するのに使った武器」や「農民が地主の罪状を告発している場面」などを見ることができる(10)。また、地主の豪華

な邸宅と農民の粗末な小屋を再現したコーナーも設置された。きらびやかな
絹の服や精巧な彫刻がほどこされた便器、部屋にあふれる骨董品が物語るの
は地主の贅沢な暮らし。対する農民の家は、何十年も着続けたボロ、使いふ
るした鋤や割れ鍋、満足な食器すらないという貧しさが一目瞭然だった。さ
らに地主が農民を殺害するのに使ったとされる「煮人鍋」、アヘンを吸引す
る地主や女性使用人を虐待する地主の蝋人形なども展示された[11]。『文匯
報』の記者はつぎのように書いている。土地改革以前、江南地方に封建はな
い、江南の地主による搾取は軽い、江南の地主は文明的だ、などという謬論
が流され、信じるものもいたが、土地改革によってそれらがでたらめだった
ことが暴かれた。展覧会では動かぬ証拠が展示され、我々によりいっそうは
っきりと認識させてくれた[12]、と。このように土地改革展は「地主＝悪」
というイメージを人びとに植えつけていったのである。

　この展覧会には一日平均約1万人と多くの参観者がおしよせ、あまりの
混雑に展示品が破壊されることもあった。最終的には68日間でのべ74万
人に達したが、その約半数は学校や工場、町内会（居民委員会）が組織した集
団参観であった[13]。集団参観の場合、見学後は座談会や学習会がおこなわ
れ、まだ見学していないものに参観するよう圧力をかける役割を果たし
た[14]。またラジオともタイアップし、会期中に土地改革に関する講座番組
が放送されている[15]。とくに児童学生に対する教育的作用が重視され、教
育局は中学校以上では全学生と教職員、その他の学校では全教職員が参観す
るよう指導をおこなった[16]。ある小学校教師は、地主や農村などとは縁遠
い都会の子供たちにとって、展覧会は最良の視覚教育であると述べ、さらに
教育効果をあげるために次のようにすべきだと主張した。教師が事前に下見
をし、計画的・重点的に見せること、見学前に思想的な啓発をおこなってお
くこと、たとえば「誰が誰を養っているのか」を歌ったり、「白毛女」を見
たりしておくこと。会場では「農民につきつけられた二本の刀。租税が重
く、金利が高い！農民の前には三本の道。逃亡、首吊り、牢屋」といった歌
が紹介され、それらを生徒に歌わせることもあった[17]。こうした子供たち
への階級教育は絶大な力をもっていたと思われる。60年代に農村に下放さ
れたある青年は、農村ではじめて地主たちを身近に見たときのことをつぎの

ように語っている。「私が村に着いて、地主や反革命分子を見たとき、彼らが心の底ではなお、あらゆるものを打倒し、われわれを皆殺しにしたがっている、と感じたものです。映画では彼らはすさまじい顔をしていました。そして村で彼らを見たとき、わたしは彼らに恐怖を感じて、ぞっとさせられると思ったものです。醜悪というのは、多分心理的なものでしょう。彼らはどういうものかほんとうに醜く感じられたのです」[18]。

2. 朝鮮戦争と展覧会

　50年6月に勃発した朝鮮戦争に、中国が参戦したのは10月だった。参戦以前、庶民の関心はさほど高くはなかったが、知識人階層では、米国に対する崇拝や親しみの感情、あるいは核兵器をもった最強軍として恐れる気持ちが強かったという。こうした親米や恐米意識を払拭し、愛国主義を高揚させるため、参戦と同時に「抗米援朝・保家衛国（米国に抵抗して朝鮮を支援し、祖国を防衛する）」運動が大々的に展開された。中共中央が指示した時事宣伝の基本内容は、「米軍が朝鮮で侵略を拡大するのを放置しておけないこと」、「親米の反動思想と恐米の間違った心理を払拭し、米国を敵視、軽蔑、蔑視する態度を養うこと」であった[19]。瀋陽で10月に開催された「朝鮮人民解放5周年記念図画写真展」は朝鮮戦争関連としては最も早くに開催された展覧会だが、先の指示を体現している。ある農民は、米軍の爆撃によって死亡した母親とその胸で泣く乳飲み子の写真を見て「米軍の残虐さは獣と同じだ！」と憤り、ある者は朝鮮軍が米軍の武器を鹵獲した様子を指差して「米国の強盗は早晩必ずこっぴどく失敗するぞ！」と断言し、またある兵士は「米軍の飛行機が我国の領空を侵犯し、安東での戦争を挑発している…我々はかならず警戒心を高め、新生祖国を断固として防衛しなければならない」と感想を書いた。新聞紙上で紹介されるこうした感想は、政府がのぞむ模範的意見であった[20]。上海では51年3月に開催された「朝鮮人民解放闘争図画写真展」に20万人以上が訪れたが、これには記念品進呈が一役買った。中心に赤い星、その両側に「抗米援朝、保家衛国」の銀字、上辺に平

	名称（略称）	会期	会場（空欄は不明）	入場者概数	備考
1950 年	第三野戦軍戦績展	5.29-6.18	復興公園	100 万	
	婦人子供衛生展	6.15-6.30	跑馬庁	24 万	
	猿から人まで	9.30-10.29	跑馬庁	42 万	
	ルーマニア展	11.11-12.10	逸園	20 万	
1951 年	太平天国展	1.27-4.?	跑馬庁	78 万	
	人民反特展	2.1-4.15	逸園	53 万	
	朝鮮人民解放闘争図画写真展	3.9-4.15	跑馬庁、逸園	20 万	
	上海土産展	6.10-8.10	跑馬庁	305 万	
	抗米援朝展	6.25-8.15	逸園、跑馬庁	30 万	
	土地改革展	10.5-12.13	逸園	74 万	
	新チェコ展	10.11-11.25	人民広場	21.4 万	
	工場安全衛生展	12.1-1.6	滬西工人クラブ	10 万	
1952 年	抗米援朝前線実物及び図画写真展	2.15-3.2	工人文化宮	55.5 万	
	鉄道・五金・紡織生産展	5.10-?	工人文化宮	11 万以上	
	ソ連図画写真展	11.7-?	中ソ友誼館ほか	15 万以上	
	ハンガリー展	12.21-2.10	文化広場	120 万	
1953 年	反動会道門罪証展	6.6-7.30	淮海中路汾陽路口	95.6 万	巡回展とあわせ 123.6 万
	帝国主義天主教利用罪証展	6.18-7.25	茂名南路長楽路口	20 万以上	
	ドイツ工業展	7.11-8.9	文化広場	81.8 万	
1954 年	ポーランド経済展	1.5-2.1	文化広場	80.1 万	
	ドイツ実用芸術展	2.7-3.8	上海博物館	19.1 万	
	鞍山鉄鋼技術革新展	10.30-1.16	文化広場	35.7 万	
	菊花展	11.10-11.28	人民公園	78 万	
	ドイツ児童玩具展	12.18-1.9	上海博物館	20 万	
1955 年	ソ連建設展	3.15-5.15	中ソ友好大厦	382 万	
	米国空中投下特務罪証展	3.20-5.20	文化広場	122 万	
	工業生産成績展	5.15-?	工人文化宮	27.4 万以上	
	チェコ社会主義建設十年展	10.5-?	中ソ友好大厦	＊	北京 125 万
1956 年	日本商品展	12.1-12.26	中ソ友好大厦	165 万	
	メンツェル原画展	?-12.9		28 万	
1957 年	ドイツ児童絵画展	1.31-2.24	中ソ友好大厦	11.8 万	
	ソ連国民教育展	9.16-10.13	中ソ友好大厦	19.6 万	
	ハンガリー政治文献図画写真展	11.10-12.1	中ソ友好大厦	14 万	
	反革命罪証展	12.25-?	中ソ友好大厦		予約 30 万、北京 110 万
1958 年	双比展	4.1-6.20	中ソ友好大厦	180 万	
	ルーマニア経済展	8.15-9.14		62 万	
	教育と生産労働の結合展	11.11-12.31		56 万	
	ソ連原子力平和利用展	12.17-2.17	中ソ友好大厦	55 万	
1959 年	福建前線対敵闘争展	6.28-8.3	上海博物館	24 万	
	上海工業展	9.29-?	中ソ友好大厦	200 万以上	
	上海農業展	10.2-?		＊＊	
1960 年	全国美術作品展	9.8-10.16		12.7 万	
1961 年	ソ連宇宙征服展	4.5-4.19	中ソ友好大厦	21.5 万	
1963 年	階級教育展	3.20-64.3.24	工人文化宮	120 万	
	憶苦思甜展	5.4-6.29	上海青年宮	134 万	
	雷鋒同志模範事跡展	4.2-6.13	上海青年宮	80 万	
	日本工業展	12.10-1.1		125 万	
1964 年	上海青年在新疆展	4.12-7.2	上海青年宮	25 万	7.17 からは新成会堂へ移転
1965 年	「米国はベトナムから出て行け」展	4.30-5.30		27 万	
	日本工業展	12.1-12.21		80 万	
1975 年	日本電子工業と計測器械展	6.4-6.18	上海展覧館	10 万	

＊上海の入場者数はつねに北京を上回っていたので、125 万人以上と推測される。

＊＊ 1 日に数万人の入場者があり、10 日間以上開催しているので、10 万人以上と考えられる。

和の象徴であるハトの飛翔する姿が浮彫りされたバッジである。プレゼント作戦が功を奏し、一日平均5千人だった入場者が、数日後には1万人以上に倍増した[21]。このように建国初期の展覧会は、参観者に対するサービス精神が旺盛だった。高くはないが入場料も徴収しており、参観者を集めるには代金に見合うだけのサービスが求められたのだろう。その後、展覧会はしだいに政治教育の色彩を強め、参観者のほとんどが半強制的な組織的動員によって集められるようになると、娯楽性やサービス精神は失われていく。開戦一周年を記念して51年6月に開催された「抗米援朝展」（50日間、30万人）では、主催者（抗米援朝華東総分会・上海分会）が、「政治的影響を拡大し、より多くの人民に愛国主義教育を受けてもらえるよう」に、入場料を200元と低く設定し、さらに団体登録したものについては一律無料とした[22]。展覧会の無料化は、そうした変質を示しているといえよう。

　51年は前述の「太平天国展」・「朝鮮人民解放闘争図画写真展」・「抗米援朝展」・「土地改革展」のほか、「人民反特務展」（2月1日～4月15日の75日間、53万人）・「新チェコ展」（45日間、21.4万人）など数十万人規模の大型展覧会が相次いで開催された年である。『文匯報』の報道をもとに、上海で開催された入場者が10万人以上の展覧会をピックアップしてみると前頁の表になる。

　51年が最多の8回、ついで50年が6回、52年以降は5回以下に減り、60年代は社会主義教育運動が展開された63年の4回をのぞき、わずか1、2回しかない。66年に文化大革命が始まると、展覧会関連の報道はほとんど消え、記事があったとしても内容や入場者数などの詳細を伝えていない。70年代に西側諸国との関係改善がおこなわれると、西側からの先進技術導入を目的とした展覧会がいくつか開催されるが、10～20万人程度の規模にとどまっている。このように51年は大型展覧会が最も多く開催された年だったが、なかでも動員数が約300万人と飛びぬけて大きいのは「上海市土産展覧交流大会」だった[23]。51年には、全国各地で同様の「土産展」や「土特産展」[24]が開催されるが、その背景にも朝鮮戦争と戦争に伴う経済構造の再編があった。

　中国の参戦があきらかになると、アメリカはすぐに「経済封鎖」を実施し、上海などの工業都市では原料輸入が、農村においては農副産物（土産）

の輸出が困難となった。政府がうちだした方針は「城郷交流」、すなわち都市と農村の商品流通を促進することだったが、とくに農副産物の販路を国外から国内市場へ転換することが求められた。そのために各地で農産物の種類や生産状況について情報を交換したり、商談をおこなったりする土産会議や土産展覧会が開催されることになったのである。農村の窮状を救済すると謳われたが、それだけではなかった。経済政策を主管していた陳雲はつぎのように述べている。「農民から取ろうと思ったら、やるべきことがある。それは近隣との交流、全国的交流、内外交流であり、農民が農副産品を販売できるようにすることである。農民は農副産品が販売できてはじめて負担することができるのだ」(25)。工業化の遅れた農業国である中国では、戦費や工業化の原資は農業から調達するしかないが、その鍵は城郷交流にあると考えたのである。

　52年以降も城郷交流を目的とする交易会は開催されたが、このときの名称は「物資交流大会」であり「展覧会」ではなくなった。見世物的、娯楽的要素は薄まり、純粋に交易の場として設定された。その後、社会主義体制が整ってくると、こうした交易の場すら必要とされなくなる。商品流通は国の計画に沿って、国営の専門企業と農村の供銷合作社（農産物の買付、農家への生産財・消費財の販売をおこなう協同組合）が担うからだ。政府による市場管理が行き過ぎて、農民が土産生産をやめてしまうような事態が発生すると、末端市場の役割を見直し、交流大会の開催を奨励することもあった(26)が、それはあくまで計画経済を補完するものでしかなく、県や鎮で開かれた交流会は、伝統的な定期市の現代版にすぎなかった。では、51年のみ「展覧会」として大々的に開催されたのはなぜだろうか。51年の「土産展」を具体的にみてみよう。

　「上海市土産展」は51年6月10日から8月10日までの二ヶ月にわたり、華東各地の特産品や工業製品を展示し、全国各地から来た業者や機関と売買をおこなった。会期中はラジオや新聞などの各メディアから地方劇や曲芸まで総動員し、大々的に宣伝された(27)。会場は旧競馬場（現在の人民公園）で、面積は約400畝（26.7ha）と小型博覧会程度の広さを有した。「戦績展」など建国初期の大型イベントにしばしば使用された復興公園の136畝と比

べても、空前の規模だったことがわかる。

　党政府機関の責任者や工商聯の委員、来賓、大会関係者6千人余りが出席した開幕式は、共産党と毛沢東を讃える「東方紅」の演奏で始まり、国歌とともに国旗を掲揚した後、6千羽の白鳩を一斉に空に放した[28]。愛国心を盛り上げるとともに平和の祭典として演出されたのである。16の専門館のうち11までが新たに建築されたもので、設計に趣向をこらした建築は、博覧会のパビリオンのようにそれ自体が展示品だった。たとえば、畜産館はモンゴル独特の住居パオを模倣したもので、上海初の試みだったというから、市民には大変新鮮に受け止められただろう[29]。

　特産品の実物に種類や規格、生産状況および販路などの説明を添えて展示するほか、生産増を示す図表や模型、製造過程の実演などを通じて視覚を刺激する工夫がなされた。たとえば、国産の柄布を宣伝するために、噴水池に立てた柱に布をまきつけ、さらにレインコートを着せた子供のマネキンを置いて、水に濡れても色あせしないことや水漏れしないことをアピールした[30]。こうした演出は一般の観客にどのように受け止められたのだろうか。『文匯報』に寄せられた投書をみてみよう[31]。

　　昨日、わたしはうきうきした気分で華東区土産展覧交流大会を見学しにいきました。朝8時から午後6時まで元気が続くかぎり見続け、疲れた体と高揚した気持ちで家路につきました。

　　特産品は本当に豊富で、どの陳列館も見飽きることなく去りがたいものでした。とくに多くの有名な特産品は世界一で、私たちが日頃あまり気にかけない苧麻などは、品質・生産量ともに世界一なのです。

　　これら豊富な特産品に接していると、アメリカ帝国主義にあやつられた国連が、わが国に対して「禁輸措置」を決議したことを思い起こさずにはいられませんでした。この提案が非常にばかばかしいものだと深く感じます。そうです、まったくばかげていて、思わず笑ってしまうほどです。

　　わたしはまだ土産展覧交流大会を観ていない方に、参観されるよう謹んでお薦めします。そしてアメリカ帝国主義を蔑んで笑ってやりましょう。

　新聞に掲載されるような意見はあくまで模範解答であるとしても、一日中いても見飽きないほど展示品が豊富だったこと、特産品の展示は豊かな国土をイメージさせ、祖国への誇りを喚起する役割を果たしたことなどがうかがえ興味深い。そして何よりアメリカへの敵愾心を燃やし、「経済封鎖」を笑い飛ばす態度を人びとに求めていた点が注目に値する。豊富な展示品や観客の目を引く展示形式、華やかな建築群などは博覧会的であったが、政治的には「抗米援朝」運動の一環として、同時開催されていた「抗米援朝展」と相まって、51 年の土産展は「擬似博覧会」化したのである[32]。51 年 4 月 12 日の『人民日報』に掲載された記事の「工作の推進、人民の教育　北京の各種展覧会は効果絶大」と「展覧会は大衆とひろくつながる重要形式である」という見出しからも明白なように、51 年には政治宣伝や教育の装置として展覧会が非常に重視されていたのである。

　その後も展覧会は政治教育に活用され続けるが、52 年以降はごく少数を除き、全体に小型化していった。不特定多数を相手にした総合的で娯楽性の強い催しから、対象を絞って効率的な利用がなされるようになったともいえる。実際、土産展で一般観客の人気を集めたのは会場内に出店された臨時商店の小売で、食品や靴下、帽子、刀といった日用品の売り上げは毎日 2,3 億元にものぼった[33]。民衆に「抗米援朝」の政治教育をおこなう場として開催された土産展だったが、多くの市民は見世物や買い物を楽しむ消費者として享受したのであり、教育的効果はさほどではなかったのではないだろうか。質素倹約が美徳となり、消費が抑制される時代になると、こうしたイベントは必然的に衰退せざるを得ない。かわって開かれるようになるのは、経済建設に寄与するタイプの展覧会、消費ではなく生産に重点を置いたものだった。

3.　中ソ関係と展覧会

　毛沢東時代、最も多い入場者を集めた展覧会は、54 年から 55 年にかけて北京・上海・武漢・広州の四都市で順次開催された「ソ連経済及び文化建

設成就展」（以下、「ソ連展」と略記）だった。中ソ関係は建国当初の「一枚岩」から、50年代後半以降、関係が悪化し、その対立は核戦争が危惧されるほどにまでエスカレートした。こうした中ソ関係の激しい振幅は、展覧会にどのように反映されたのだろうか。

　第二次大戦後、東西冷戦が進行するなかで成立した新政権は、東側に立つ選択をした（「対ソ一辺倒」方針）。社会主義を信奉する共産党としては当然のようにみえるが、そこにはソ連の「核の傘」に入ることで安全保障を確保し、また経済建設においても各種支援を得るという現実的な理由があった。53年から始まる第一次五ヵ年計画の大型プロジェクトは、ソ連からの援助によるものであり、計画の立案や実施もすべてソ連を手本にしていた。当時盛んに唱えられた「ソ連に学べ」というスローガンが示すように、社会主義建設の先輩であるソ連は中国のお手本であり、展覧会を大衆教育に利用することもまたソ連に学んだものだった(34)。

　「これはソ連の人民にとっては現実の世界、われわれにとっては未来の世界。すべてが比類なく美しく、すべてが楽しく、情熱的！」。これは、「ソ連建設図画写真展」をみた感想を詠った詩の一節である(35)。ソ連のすばらしい現在は自分たちの将来の姿であるとして、ソ連の成果や先進的な姿を図画や写真で展示する展覧会が繰り返し開催された。49年10月に成立した中ソ友好協会総会の一年目の活動報告によれば、25の省や市で一年間に開催された展覧会は1009回、観客は668万人余り、うち上海では11ヶ月で140回、観客は約236万人であった。ソ連で発行された画報などを切り抜いて展示するというきわめて安易な方法をとりながら、多くの観客を集め、大きな成果をあげたという(36)。10年後の59年にもなお、図画写真の展覧は宣伝工作の重要な形式として捉えられていた。10年間で開催した展覧会は14.5万回以上、観客はのべ1.8億人以上と膨大な数にのぼるが、その形態は一般的な展覧会とは異なる。写真や宣伝画を街中の掲示板に貼ったり、工場や学校へ送って展示したりという簡便で、かつ多くの人の目に触れる方式だった。街角の掲示は「広範な大衆に愛された」(37)という。娯楽の少なかった時代、こうした展示ですら民衆にとって、ささやかな楽しみであったのかもしれない。

　東欧諸国の展覧会もしばしば開催されている。先にあげた表からも 50 年の「ルーマニア展」、51 年の「新チェコ展」、52 年の「ハンガリー展」、53 年の「東ドイツ展」、54 年の「ポーランド展」とほぼ毎年開催されているのがわかる。東欧諸国も中国より一歩先をゆく社会主義建設の先輩として、その成果を賞賛する内容の展示が盛んにおこなわれたのである。会期中には、中国の労働模範や技術者が各国の解説員・専門家と交流する機会が多く設定され、技術交流が進められるとともに、各国との友好や連帯が演出されもした。

　こうしたソ連・東欧関連の展覧会のなかで最大のものが、54、55 年に四大都市で開催された「ソ連展」だった。この展覧会のために北京ではソ連展覧館、上海と広州には中ソ友好大厦、武漢には中ソ友好会館と命名された大型展覧館が建設され、その後の大型イベントに常用される[38]。建物の設計は四都市ともにほぼ同様であったというが、展示品や展示形式もほぼ同様であったと思われる。ここでは記念文集が出版された北京の様子をみてみる（10 月 2 日-12 月 26 日、276 万人）[39]。建物はサンクトペテルブルグにある旧海軍ビルを模したロシア・クラシック様式で、星をいただく中央の鉄塔がシンボルになっている。前庭の噴水、彫刻がほどこされたアーチ型の門、大理石敷きの広々としたホールなど壮麗な建築が当時の人々を魅了した。玄関をぬけると中央に工業館、西側に農業館と食品館、東側に出版物・職業教育館と高等教育館、その手前に油絵・彫刻と版画館、工業館の左右は広場になっていて、掘削機などの大型機械や農業機械などが並べられた。文集の写真をみると大型機械の周囲には黒山の人だかりができている。広場の西側にモスクワレストラン、東側には楽器・無線と家具館、その奥に手工業品館が配置された。工業館の奥には野外劇場がつくられ、ソ連国立民族舞踊団などが訪中し数回公演をおこなった。またソ連最新式という映画館も付設され、ソ連の記録映画が上映された。200 名余りの説明員と 100 名余りの作業員が配置され、金属切削や発電機、紡織・農業機械の解説や実演を行った。展示品をただ眺めるだけでなく、説明を聞いたり、実演を体験したり、異国情緒あふれる料理を食べたり、音楽や演劇を鑑賞したりと五感すべてを刺激する展覧会だったといえる。

「ソ連展に入場するため、参観者が長い行列をつくっている」
出所：北京展覧館HP（http://www.bjexpo.com/）

　各展示室のなかでも工業館は中心に配置され、1万1500点余りの展示品
のうち、オートメ化された機械や旋盤、農業機械、各種鉱石など工業関係が
2千点余りを占めており、工業に重点があったことは明らかである。会期中
はソ連の専門家が多数訪中し、中国人技術者との交流会がしばしば行われ
た。展覧会は一種の技術学校であり、先進技術を吸収する場であった。上海
で開催されたときには、上海市重工業管理局設計処の設計者二名が、連日農
業機械広場に通い、農業機械の測量と製図をおこなっている[40]。

　このように、先進的な経験や技術を紹介・伝授し、工業化に資することを
第一の目的とした展覧会であったが、一方で教育関係や芸術作品、家具や楽
器などの展示も多く、総合的であったのも特徴といえる。美しい衣服、家具
や日用品のそろった快適で健康的な暮らし、美術品や楽器に囲まれた文化的
な生活など、ソ連の人々がいかに幸せな生活を送っているか、社会主義建設
をすすめることで、中国にもこうしたすばらしい未来が待っていることを示
したのである。とりわけソ連の豊かさを印象づけたのは自動車だった。広州
の「ソ連展」を十数歳で体験した男性はこう回想している。最も人びとを魅
了したのは広場に置かれた自動車だった。あのころの広州には自動車はほと
んどなくて、それほど多くの自動車を見たのは初めてだった。本当に興奮し
たよ[41]。

　中ソ友好を高らかに謳い、ソ連に対するあこがれを人々に植え付けた「ソ連展」だったが、その数年後、中ソ間に亀裂が生じる。59年6月、ソ連は中ソ国防新技術に関する協定を一方的に破棄し、翌年7月には中国に派遣していた専門家をすべて引き上げ、中国の経済建設に大きな打撃を与えた。中国はソ連との関係改善を模索するが、それが挫折したとき、より極左的な方向へすすみ、文化大革命が発動された。ところで、中ソ関係が悪化していくさなか、表にあるように58年に「ソ連原子力平和利用展」、61年に「ソ連征服宇宙空間成就展」が開催されている。ソ連との関係悪化が対米戦略をめぐるものであり、中国の核武装およびミサイル開発の問題が焦点だっただけに、それに関連するような展覧会の開催は興味深い。

　69年から70年にかけて中ソ間の緊張はピークに達した。中国はソ連への対抗上、アメリカはベトナム戦争の泥沼化から抜け出すため、米中和解を模索した。中国はすでに70年にカナダ、フランスとの国交を回復し、71年には国連にも復帰していたが、やはり72年のニクソン訪中が画期的であった。こうした西側諸国との関係改善を背景に、70年代前半には西側からの技術導入を目的とした展覧会が相次いで開かれた[42]。いずれも短い会期で動員人数も少ないが、それは技術導入に特化し、政治教育的要素が排除されたためであろう。資本主義国家の展覧会として例外的に大々的に開催されたのは、数度の「日本展」であった。それは経済や技術だけの目的ではなく、日本との国交正常化という政治的意図を含有していたためである。

4. 日中関係と展覧会

　建国後、日本に関連してどのような展覧会が開催されたのだろうか。まず最も早い時期では、51年2月に上海で開催された「日本人民反帝国主義闘争図画写真版画展」や55年の「日本木刻版画展」（北京・上海）などがある。前者はサンフランシスコ講和条約や再軍備（警察予備隊の設置）に対する日本国内の反対運動の模様を写真等で伝えるものであり[43]、後者は原爆の後遺症で苦しむ様子を描いた木版画などを展示することで、日本国民もまた軍国

主義の被害者であるというメッセージを伝えるものであった⁽⁴⁴⁾。このように日本国民の反体制・反米運動を伝え、人民同士の連帯を強調したのは、中国が国際的に孤立するなかで自国に正義があることを人々に印象づけ、自信をもたせるねらいがあったと思われる。だが、それだけでなく外交戦略的な意味も有していた。日中間に正式な国交がなかった20余年間、両国を橋渡ししていたのは民間団体や個人であり、中国はそうした民間交流を拡大し、政府間交渉に引き上げたいと考えていたからだ。

　朝鮮戦争後、アメリカの中国「封じ込め」政策をうけて、日本の対中貿易は厳しく制限されることになった。しかし、日本は政治と経済を分離する立場をとり、52年以降、民間貿易協定を通じて中国との貿易関係を徐々に拡大していった。55年の第三次協定では、相互に見本市を開催することに合意し、56年10月、建国後最初の大型日本展となる「日本商品展」が北京のソ連展覧館で開催された⁽⁴⁵⁾。北京で125万人、つづいて開催された上海ではさらに多い165万人を集める大盛況で、58年には広州と武漢でも同様の商品展が開催された。

　北京・上海には300社余りが参加し、生活用品や機械など5万点を出展した。展示品のなかでも、人々に強く印象を与えたのはテレビ放送の実演だった。開幕直前に会場を視察した毛沢東も手を叩いて喜んでいたという⁽⁴⁶⁾。中国のテレビ放送は二年後の58年からで、初めて見るテレビは市民に驚きを与えただろう。また小型トランジスタラジオや色とりどりの化学繊維も注目を集めた。それらは日本の工業水準の一端を示しはしたが、ココムによる制限をうけ、第一級の工業技術を展示することはできなかった。大型機械や工作機械も一部展示されたが主体は日用品だった。しかも、展覧会全体での統一性に欠け、夜店のように同じ商品があちこちに展示される方式は、北京の有名な市場である「東安市場」のようだと形容されている⁽⁴⁷⁾。一般市民もまた、この商品展を「市場」として捉えていた。おもちゃや衣料品、化粧品、雑貨などの即売が異常な人気をよび、開館と同時に客が殺到、長蛇の列ができ、上海の即売では2億元も売り上げた⁽⁴⁸⁾。開催前に中国側が最も気に掛けていたのは、中国人の対日感情であり、開催前には周恩来総理の指示で大がかりな大衆工作が行われていた⁽⁴⁹⁾。それでもなお会場に掲げた日章

旗を見ると戦時中の記憶がよみがえり、いやな気分になった市民が多かったというが、その一方で、日本製品に人びとは魅了され競って購入したのだった[50]。ところが、この即売品に粗悪品が多く含まれていて、怒った購入者が会場に押しかけ大混乱するという事件が発生した[51]。日本では「日本雑貨品のツラ汚し」と糾弾され、閣議でもとりあげられたが、中国側ではこの件をまったく報道しなかった[52]。あくまで国交回復の機運を盛り上げるイベントとして商品展を演出したかった中国側の意図がみえる。

　58年に日中関係はいったん断絶するが、大躍進政策による経済の破綻、中ソ関係の悪化とそれにともなうソ連との貿易量減少から、中国側の対日態度が軟化し交流が復活した[53]。62年から準政府間の長期バーター取引であるLT貿易が始まり、日中間の貿易額は順調に伸び、65年には最大の貿易相手国もソ連から日本へと変わった。こうした貿易関係の進展を背景に、またその流れをさらに促進するために開催されたのが、63年と65年の「日本工業展」（北京・上海）だった。日本から600社余りが参加し、フライス盤や研削盤などの工作機械、化学繊維設備、化学工業製品、精密機器、電子機器など1200種余り10万点が出品された。とくに注目すべきは、展覧会の名称が56年の「商品展」から「工業展」に変化したことからもわかるように、展示品の構成が変化したことである。56年は布や食品、雑貨など日用品が中心だったのに対し、60年代には生産財が主体で技術水準も高いものが出品された。面積は約1.3倍に広がり、展示品も倍増し、日中間の貿易関係の進展を反映するものとなった。『人民日報』の記者が「中央ホールに足を踏み入れると機械のゴウゴウという音が聞こえ」[54]たと書いているように、夜店のような56年とは、ずいぶん趣を異にしていたといえる。

　ただ、一般参観者の態度には変化がなかった。63年の工業展でも市民は即売会を心待ちにしており、この日のために貯金して待つものもいたという[55]。市内数ヶ所に分けて開催された即売会では、ブラウスやおもちゃ、トランジスタラジオなどが飛ぶように売れ、すぐに売り切れた[56]。会場で繊維製品を見ていた女子学生は「こんなきれいな服をきてみたい。しかし、今の私にはそんな余裕はない」と言っている[57]。余裕がないのは、金銭面か精神面か定かではないが、日本製品への憧れだけははっきりと見てとれる。

入場者数をみてみると、63年の工業展に北京で120万人、上海で125万人以上あったが、65年の工業展では北京で65万人、上海で80万人と半分近くに減少している。中国政府が一般入場者の数をしぼり、専門技術者の参観を主体としたのが一因のようである⁽⁵⁸⁾。技術者や専門家の参観は各種展覧会で必ず組織され、技術交流会や座談会なども数回行われるが、65年の工業展ではこれを主体としたようで、恒例の即売会の記事もない。展覧会は「消費」の場ではなく、「生産」に寄与するものへと変化させられたのである。

これら商品展・工業展が開催されたのは、50年代半ばと60年代初めという中国国内の政治情勢が比較的穏やかな時期であった。しかし、63年からは「社会主義教育運動」が始動していたように、弛緩した体制と人心を引き締めようとする動きもすでに発生していた。三度目の日本工業展は、69年、文化大革命のさなかに開催されたが、日本側出品者が中国人とともに「アメリカ帝国主義・ソ連修正主義・各国反動派打倒」を叫んでデモ行進する「抗議集会方式」⁽⁵⁹⁾という異常な形式となった。60年代半ばから日中政府間関係が戦後最悪の状態をむかえるなかで、貿易関係も政治化していったことを如実に示している。

おわりにかえて　政治教育としての展覧会

以上みてきたように、毛沢東時代の展覧会には政治教育的役割がつねに求められていた。土産展のような一見すると産業振興が目的のような催しでも、「抗米援朝」のテーマが根底にあり、豊かな祖国に対する愛国心を高めるよう演出された。一方で、庶民は娯楽や華やかさ、新奇を求めて会場へ足を運ぶ。土産展や日本展における即売が人気を集めたように、展覧会で「消費」することを楽しんでいた。しかし、50年代末以降、国際情勢が悪化し、準戦時体制へ移行していくなかで「ぜいたくは敵」になる。大躍進期と文革期、展覧会は完全に政策宣伝、政治教育の場と化していくのである。国をあげて鉄づくりに熱狂した大躍進期はすべての面において、スピードと増産が

求められた。58 年 3 月の「上海市工業生産の先進性と多く・速く・立派に・無駄なくを比べる展覧会」（双比展）はその成果を発表するものだったし、展覧会もできるだけ多く短期間で手間ひまをかけずに準備することが先進的であると賞賛される始末だった。そのため「業余教育展」・「人民公社展」・「土法錬鋼展」・「教育と生産労働の結合展」など、数十万から百万人以上を動員する展覧会が数多く行われたが、失敗に終わった製鉄運動と同様、スピードと数のみを追求し、質的低下が起きていたように思われる。

　60 年代初頭、経済面で一定の自由化を認める調整期にはいるが、国際的緊張も高まっており、思想的なゆるみは許されなかった。若い世代を中心に、社会主義建設に懐疑的な意見が生まれるという状況下、思想の引き締めが必要になり、社会主義教育運動が強力に推進された[60]。63 年に大規模展覧会が増えるのは、この運動に関連して「階級教育展」や過去の苦しい経験を思い起こし、現在の幸せをかみしめるという「憶苦思甜展」が大々的に開催され、半強制的に人々を動員したからだ。『ワイルド・スワン』の著者は、少女時代に見たチベットに関する「階級教育展」の感想をつぎのように書いている。

　　サソリがうようよしている地下牢の写真や、目を抉り出す道具や足首の腱を切断するナイフなど恐ろしい拷問道具の写真が展示されていた。…1964 年ごろから、大地主の荘園屋敷が階級教育博物館として一般に公開されるようになった。毛沢東が登場する以前の中国で地主のような「階級敵人」が農民の血と汗のうえにいかに贅沢な暮らしをむさぼっていたかを見せるねらいだ。…博物館では、想像を超えるショッキングな展示を見た。…「人の命までしゃぶりつくす国民党」の話のなかで、私たちは終始「毛主席に感謝しなくてはならない」と聞かされつづけた[61]。

　文革期にはいると、政治や社会の混乱からおそらく展覧会を計画、準備する余裕がなかったのだろう。展覧会に関する報道は極端に少なくなる。「毛主席革命教育路線展」や「毛主席著作展」などが開催されているが、内容や動員数などの詳細はわからない。新聞報道から見る限り、文革期には 10 万

人以上を動員するような本格的な展覧会は開催されていないようだ。社会主義教育運動で完全に政治宣伝化した展覧会は、華やかさや見世物的な展覧会としての魅力を喪失し、衰退してしまったともいえる。

　しかし、視点を社会の末端に下ろすと、展覧会が形を変え民衆の生活に浸透していたようにも見える。60年代、政治宣伝は都市だけでなく、広大な農村も対象として組み入れ、それにともない小型化・多様化・現地化していった。教育水準が低い農民にとって、パネルや図表展示だけでは分かりにくく、映画や幻灯などの映像や各種芸能などを組み合わせること、またごく身近な話題をとりあげることも必要だった。ある田舎町（鎮）の文化工作に関する報道をみてみよう。

　　泗涇鎮の街頭に足を踏み入れると、革命文化の雰囲気を色濃く感じる。黒板報やギャラリーでは、国内外の重大なできごとや新道徳・新気風が伝えられ、文化館や茶館では革命歌が時ならず流れる。少年の家や書場では多くの観衆が革命の物語に熱心に耳を傾け、労働者クラブがおこなっている階級教育展覧会をみて、農民は昔の苦労を思い出し、現在の幸せを感じる…。（中略）
　　展覧会の開催は泗涇鎮の文化宣伝工作のなかで特筆すべきことである。（中略）社会主義教育運動のとき、鎮では人員を組織して、泗涇鎮や里弄、工場、商店、農民家庭の歴史を編集し挿し絵と実物をくみあわせた展覧会を前後二度開催した。展覧会は現地の人に現地の事を取材し、労働人民の今昔の生活をはっきりと対比させ、見る者に親しみをもたせ、7000人余りの観客にとって生き生きとした階級教育の授業になった[62]。

　図画写真の展示は都市の立派な展覧館ではなく、職場や街角など身近な場所で日常的に行われ、政策宣伝や事件報道にも、黒板報や60年代に農村に普及した有線放送、さらには演芸などを通じて、常時接することになった。50年代に大規模な各種展覧会が開催され、それに関連した放送や新聞報道が、「抗米援朝」というひとつのテーマをさまざまに演出し、一体化して「擬似博覧会空間」をつくりだしたのに対して、60年代は、小型化し多様化した政治宣伝装置が社会の末端にまで浸透し、日常生活自体を展覧会化して

いった。文革期の映像でしばしばみられる街中にあふれる熱気、始終流される有線放送は、あたかも街全体が博覧会会場のようでもある。人々は展示を眺める主体であるとともに、革命歌を歌い、黒板報を読み書き、デモンストレーションのような会議に参加し、眺められる客体でもあったのである。

　建国初期に見られた大規模で華やかな博覧会的な展覧会は、60年代に展覧会が純粋な政治教育の場へと変質していくにしたがい姿を消した。しかし、文革期にあらゆるものが政治化していくなかで、日常生活自体が政治教育展のような様相を呈するようになった。華やかで人々の欲望を刺激するような展覧会はいったん途絶えたが、改革開放後、抑圧されていた庶民の欲望が解き放たれると、「博覧会」という言葉とともに、展覧会もまた復活するのである。

（ 1 ）　本稿は上海で発行された『文匯報』（1938-1999　DVD版）を基本史料として利用した。以下、『文匯報』からの引用の場合は年月日のみを記す。
（ 2 ）　1949年11月9日。
（ 3 ）　1950年2月17日。
（ 4 ）　1950年9月27日。
（ 5 ）　1951年1月25日。
（ 6 ）　1950年6月12日。
（ 7 ）　馮楽仁「我的親歴」金羊網、2009年6月21日。
（ 8 ）　1950年2月4日。
（ 9 ）　熊月之主編『上海通史　第11巻：当代政治』上海人民出版社、1999年、53-54頁。
（10）　1951年10月5日。
（11）　1951年10月12日。
（12）　1951年10月6日。
（13）　1951年10月19日。
（14）　1951年10月15日。
（15）　1951年11月24日。
（16）　1951年10月14日。
（17）　1951年10月16日。
（18）　アニタ・チャン、リチャード・マドスン、ジョナサン・アンガー（小林弘

二監訳)『チェン村』筑摩書房、1989 年、19 頁。

(19) 「中共中央関於在全国進行時事宣伝的指示」『建国以来重要文献選編』（第一冊）中央文献出版社、1992 年、436 頁。

(20) 1950 年 10 月 23 日。

(21) 1951 年 3 月 22 日。

(22) 比較のために入場料の一例をあげれば、同年の太平天国展は個人 500 元、団体 200 元（1951 年 1 月 26 日）、土産展では個人 1000 元、団体 500 元であった（1951 年 6 月 8 日）。

(23) 当時上海の人口は約 540 万人。参観者は全国各地から訪れたとはいえ、かなりの割合で上海市民が参観したと考えてよいだろう。

(24) 4 月、浙江省土産展・杭州、5 月～7 月、蘇南区城郷交流物産展・無錫、9月東北物産展、中南区土産展、10 月華北物資交流展、華南土特産展、西南区工業展など。華北地区だけでも 1951 年 2 月から 11 月の間に 31 種類の物産展が開かれ、21 の展覧会を参観したものは 1070 万人もあり、23 展覧会で合計 5 兆 2200 億元の取引が契約・合意された。

(25) 「抗美援朝開始後財経工作的方針」（1950 年 11 月 15 日、27 日）『陳雲文選 1949 — 1956』人民出版社、1984 年、115 頁。

(26) 「国務院関於放寛農村市場管理問題的指示」（1956 年 10 月 24 日）中国社会科学院・中央档案館編『1953-1957 中華人民共和国経済档案資料選編 商業巻』中国物価出版社、2000 年、757-759 頁。

(27) 1951 年 6 月 16 日。

(28) 1951 年 6 月 11 日。

(29) 1951 年 5 月 22 日。

(30) 1951 年 7 月 17 日。

(31) 1951 年 6 月 14 日。

(32) 「擬似博覧会空間」という言葉は、服部隆行「朝鮮戦争と中国国内の展覧会」（柴田哲雄代表科研費研究成果報告書『地方博覧会の文化史的研究』2008 年 2 月）から引用。1951 年に開催された各種展覧会が、それぞれ固有のテーマによる展示をおこないながら、基底には「抗米援朝」という統一テーマを持ち、全体で博覧会的空間を創出していたと指摘している。

(33) 1951 年 6 月 14 日。

(34) 1951 年 6 月 11 日。

(35) 1949 年 10 月 4 日。

(36) 1950 年 10 月 7 日。

(37) 1959 年 10 月 3 日。

(38) その後、北京では 1958 年に北京展覧館に、武漢では 1966 年に武漢展覧館に、上海では 1984 年に上海展覧中心に改称された。広州は 1957 年か

ら始まる広交会（中国輸出入商品交易会）の会場として二度使用されたが、手ぜまになったため、新たに流花路展覧館が建設され、その一部分として組み込まれた。建築面積が最大だった武漢展覧館は 1995 年に取り壊された。

(39)　接待蘇聯来華展覧弁公室宣伝処編『蘇聯経済及文化建設成就展覧会紀念文集』時代出版社、1955 年。

(40)　1955 年 4 月 6 日。1950〜60 年代、北京の工場で技術者として働いていた山本市朗氏は、1953 年のポーランド展で展示されたタワー・クレーンを模写して図面をひき、試作品をつくったと回想録に書いている（山本市朗『北京三十五年』（下）岩波新書、1980 年、2 頁）。展覧会で模写し、図面におこして試作品をつくるというのが、当時技術導入のひとつのやり方だったようだ。

(41)　『広州日報』2009 年 9 月 24 日。
http://gzdaily.dayoo.com/html/2009-09/24/content_713819.htm（最終アクセス 2014 年 9 月 7 日）。

(42)　カナダ貿易展（1972 年 8 月、北京展覧館）、フランス科技展（1973 年 1 月、上海展覧館、二週間、約 5 万人）、西ドイツ工作機械展（1973 年 6 月、上海展覧館、10 日間、約 3 万人）、カナダ電子科学計器展（1974 年 4 月、上海、10 日間、約 4 万人）、スイス工業技術展（1974 年 8 月、北京展覧館）、オーストラリア展（1974 年 10 月、北京展覧館）、英国工作機械と科学計器展（1975 年 3 月、上海、10 日間、約 10 万人）、イタリア電子と科学計器展（1975 年 4 月、天津）など。

(43)　1951 年 2 月 20 日。

(44)　『人民日報』1955 年 8 月 5 日。

(45)　前年の 1955 年に東京（10 月）と大阪（12 月）で中国商品展が開催されていた。

(46)　『人民日報』1956 年 10 月 7 日。

(47)　曹中枢「従日本商品展覧会看中日貿易的発展前途」『人民日報』1956 年 10 月 16 日、『朝日新聞』1956 年 10 月 30 日。

(48)　『読売新聞』1956 年 12 月 27 日。

(49)　孫平化（安藤彦太郎訳）『日本との 30 年』講談社、1987 年、65-67 頁。

(50)　前掲『北京三十五年』（下）24-26 頁。

(51)　『朝日新聞』『読売新聞』ともに 1956 年 10 月 26 日。

(52)　『朝日新聞』1956 年 10 月 27 日。

(53)　日中関係については、田中明彦『日中関係 1945-1990』（東大出版会、1991 年）、添谷芳秀『日本外交と中国』（慶応通信、1995 年）を参照した。

(54)　『人民日報』1963 年 10 月 6 日。

(55) 『朝日新聞』1963 年 10 月 5 日。

(56) 『朝日新聞』1963 年 10 月 8 日。

(57) 『朝日新聞』1963 年 10 月 7 日。

(58) 『読売新聞』1965 年 10 月 21 日。

(59) 『朝日新聞（夕刊）』1969 年 3 月 22 日。3 月 24 日にはデモ行進の写真が掲載されている。

(60) 前掲、熊月之主編『上海通史　第 11 巻：当代政治』188-190 頁。

(61) ユン・チアン（土屋京子訳）『ワイルド・スワン』（上）講談社、1993 年、358-361 頁。

(62) 1964 年 3 月 3 日。

参考文献（邦語）

奥村哲『中国の現代史―戦争と社会主義』青木書店、1999 年

トピックス：博覧会と展覧会

　毛沢東時代の中国では、国内で開催された博覧に供する各種イベントを一律「展覧会」と呼んだ。街角の掲示程度から、美術館での芸術展、さらには数百万人を動員した大規模なものまで、すべてが「展覧会」だった。「博覧会」という言葉は、国外で開催されるイベントに使用され、中国も各種「博覧会」に精力的に参加している。たとえば、世界的に有名なライプチヒの見本市は「ライプチヒ国際博覧会」と呼ばれたが、50 年代には毎年のように参加している。「規模の巨大なものをかつて博覧会と呼んだ」という説もあるが（『文匯報』51 年 6 月 12 日）、規模の問題というより、国際性が基準だったようだ。中国は建国後、海外での展覧会開催を文化交流の重要な方式としてとらえ、54 年 8 月末までの 5 年間で、164 もの展覧会を世界各地で開催した（『人民日報』54 年 10 月 1 日）。また、有名な広州見本市も、現在では「交易会」と呼ばれているが、57 年に始まったときは、やはり「展覧会」だった。80 年代になると「カメラ博覧会」や「羽毛製品博覧会」など、国内むけ展示会の名称として「博覧会」が使用されるケースもでてきた。改革開放にともない国際性の基準が曖昧になっているのかもしれない。

第4章　改革開放期の博覧会—中国'99昆明世界園芸博覧会と中国2010年上海万国博覧会—

柴　田　哲　雄

はじめに

　本章では、1970年代末以降の改革開放期における中国の博覧会について見ることにしよう。毛沢東時代の極左路線と決別して、鄧小平の主導の下で改革開放政策が始まった。市場経済化が推し進められ、外資が積極的に導入されたことにより、30年以上に及ぶ高度経済成長が成し遂げられた。その結果、中国のGDPは2013年の時点で、日本のGDPの倍の規模にまでなっている。また改革開放政策に伴って、中国は毛沢東時代の国際的な孤立状況から脱却し、国際社会での地位向上に努めるようになった。

　その一環として中国は、海外の様々な博覧会に出展するだけでなく、1993年にはB.I.E（博覧会国際事務局）に正式に加盟した。そして1999年に中国初のB.I.E承認の国際博覧会、中国'99昆明世界園芸博覧会（以下、昆明園芸博と略記）が開催された。また2010年には中国2010年上海万国博覧会（以下、上海万博と略記）が開催された。

　さて、昆明園芸博も上海万博もともに2005年の愛知万博と同じように、地球規模の課題の解決をテーマに掲げていた。前者では「人と自然—21世紀に向かう」の下で環境問題が、後者では「より良い都市、より良い生活」の下で都市問題が、それぞれクローズアップされた。

　周知のように、中国においては改革開放政策による高度経済成長という輝かしい成果の陰に隠れて、環境問題や都市問題が非常に深刻化している。環境問題については、自動車の排気ガスや工場の排煙により、北京などの都市部では微小粒子状物質PM2.5の汚染が深刻化し、広範な健康被害を引き起

こしている。また工場排水の垂れ流しなどにより、河川や近海で水質汚染が深刻化し、魚の大量死や飲料水汚染によるがんの多発といった問題を引き起こしている。

　一方、都市問題については改革開放期になると、広州・深圳を中心とした珠江デルタ都市圏、上海を中心とした長江デルタ都市圏、北京・天津を中心とした京津冀都市圏といった三大都市圏への人口集中が著しく進んだ。こうした三大都市圏への人口集中は、主として内陸部の農村地域からの大規模な人口移動により引き起こされた。そして安価で大量の労働力が提供されたことで、沿海地域の経済発展が強く後押しされた。ちなみに中国の都市化率（都市部に居住する人口の割合）は 2012 年に初めて 50 パーセントを超え、先進国に比べればまだ低い水準にとどまっている（日本の都市化率は約 90 パーセント）。しかしながら一方で、三大都市圏への人口集中は深刻な都市問題をも引き起こしている。北京や上海の人口密度はすでに東京 23 区のそれを大きく上回りながらも、両都市のインフラは東京に比べてなおも立ち遅れた状況と言える[1]。

　本章では、上述の環境問題や都市問題の解決をテーマに掲げた、昆明園芸博と上海万博の概要にそれぞれ触れた上で、二つの博覧会の開催が、会場地域の昆明を含む雲南省や上海を中心とする長江デルタ都市圏に、どのような経済的・社会的な影響を及ぼしたのか、また当地の人々が博覧会の開催をどのように見ていたのか論じる。

1. 中国 ’99 昆明世界園芸博覧会

　まず昆明園芸博が開催された雲南省に関する紹介から始めよう。雲南省は中国の西南部に位置し、ミャンマーやベトナムなどと国境を接しており、面積は約 40 万平方キロである。昆明園芸博開催時においては、人口約 4,100 万人であった。タイ族、イ族など中国最多の 25 の少数民族が居住している。また雲南省は観光資源にも恵まれており、昆明の東部の石林はカルスト溶岩からなる自然奇観で有名である。省南部のシーサンパンナ・タイ族自治

州は熱帯雨林気候の植物や動物の宝庫となっている。省内に生息する動物は1.8万種、植物は1,720種ある。経済面については、昆明園芸博開催前年の1998年の一人当たりGDPは、30の省・直轄都市などのうち27位で、貧困人口は全国の一割近くを占めていた[2]。

　一方、省都の昆明市は標高1,890メートルの雲貴高原の中心に位置し、月別平均気温が最低で7.5度、最高でも19.7度という年中、春のような気候であることから「春城」と呼ばれている。人口は1998年末の数値で約467万人であり、このうち農業人口が57パーセントを占め、中国きっての花卉栽培地となっている[3]。

　ところで、昆明園芸博は本来北京で開催される予定であったが、北京においては用地や気候などの困難に突き当たってしまった。そうしたさなかに、当時国務院副総理であった李嵐清が雲南省を視察し、同省の自然条件、及び恵まれた生物資源や観光資源などを勘案して、同省での開催を推し進めたとのことである。また1997年の中国共産党第15回全国代表大会での中西部地域の開発を加速させるという決議の趣旨からも、雲南省での園芸博の開催は望ましいものとされていた[4]。しかし北京での実施が見送られた背景には、博覧会開催決定の直後に、陳希同党書記をはじめとする北京市幹部を巻き込む大掛かりな腐敗事件が発覚したことがあるとの消息もある[5]。

　次に昆明園芸博の概要を見ることにしよう。昆明園芸博は先述のように、B.I.E（博覧会国際事務局）が承認した中国における最初の国際博覧会であった。またA.I.P.H（国際園芸家協会）が「A類1」という最高ランクに認定した園芸博覧会でもあった。これは1990年に大阪で開催された「国際花と緑の博覧会」と同じランクであって、アジアでは大阪に次いで二回目となる国際園芸博であった。会期は1999年5月1日から同年10月31日までの184日間であった。会場は昆明市の中央部から6キロの、名所旧跡が散在している金殿名勝風景区に位置しており、約218ヘクタールの面積を有していた。昆明園芸博の開催に当たって、後述する上海万博の会場用地の接収に際して発生したような地元住民とのトラブルは、少なくとも邦字新聞の報道を見る限り皆無であった。その理由としては、会場用地がそもそも「かつては石切り場、ごみ捨て場、れんが製造所があった荒れ地」だったことが挙

64

げられよう[6]。

　実施主体は中国 '99 昆明世界園芸博覧会組織委員会であり、その主任は前出の李嵐清であった。総事業費は約 12 億元（168 億円）であって、中央政府の補助は一割強で、残りは雲南省の負担と同省の基幹産業であるタバコ会社の寄付でまかなった[7]。海外からは 68 カ国と 26 国際組織が参加した。開催前には目標入場者数を 800 万人から 1,000 万人、うち外国人入場者数を約 100 万人と掲げていたところ、実際の総入場者数は約 940 万人に達した[8]。

　昆明園芸博のテーマは先に述べたように「人と自然―21 世紀に向かう」であった。具体的には庭園、花、緑、及び関連する技術や設備を展示し、それらの技術や設備の進歩を促進して、人類が生存するところの環境の質を不断に改善することを目指すとしていた[9]。会場には 1,400 種類の植物を展示した「人間と自然館」のほかに中国館、国際館、科学技術館、グリーンハウスといった 5 つの展示館があった。また竹園、茶園、盆栽園、薬園、樹木園、野菜果物園といった 6 つのテーマ園があった。さらには国外と国内（各省・直轄市／企業）の二大部分から構成される室外展示区が設置されていた。会場内で栽培されていた品種は 2,000 余りに上り、計 40 万株になったが、そのうち希少品種は 31 種、観賞価値の高いものは 76 種あった[10]。なお日本は室外展示区において、日本の美しい自然や風土、季節の移り変わりのなかで育まれてきた日本の自然観を伝えるために、伝統的な日本庭園を造営した。また日本の古里の風景である棚田を模した花壇をしつらえた。こうした庭園が高評価を受け、日本はフランスとともに、総合部門で最優秀賞を受賞した[11]。

　さて、昆明園芸博の開催によって、地元の雲南省にはどのような経済的・社会的影響がもたらされるとされたのだろうか。それについては、園芸博当局が以下の五点を指摘していた。第一に雲南省の対外開放が加速される。第二に雲南省の主要産業である農業や観光業の発展、並びに生物資源や観光資源の開発が促進される。第三に雲南省の持続可能な発展戦略の実施が確固たるものになる。第四に昆明市のインフラ建設が促進される。第五に雲南省の各民族、各界人民の愛国心が鼓舞され、その「精神文明」の水準が引き上げ

られる[12]。園芸博当局が、この五点のうち二点目の産業の発展を最重視していたことは、次のような昆明園芸博組織委員会の呂恵生部長補佐のコメントからもうかがうことができよう。

「うちはタバコ産業の税収入が財政の八割を占めるが、斜陽産業のタバコに依存するのは限界がある。園芸博を機に観光業や健康食品に力を入れたい。うまくいけば雲南省の発展を十年早められる」。[13]

では、昆明園芸博に対して雲南省の人々はどのような見方をしていたのであろうか。例えば、ある中国人記者は昆明市内のホテルのレストランで偶然知り合った元教員の張という老齢者の次のような発言を紹介していた。

　…同じテーブルに座った年寄りの張さんは私たちの胸に記者の名札がついているのを見て、どうしても私たちの分まで支払うと言ってねばるのだった。山村で教員をしていた張さんは、都市の汚染がすでに今日の世界の一大難関となっており、今回の園芸博で「人と自然」が強調されているが、それは「絶対に正しい」と語った。
　「昆明市政府はいま昆明市の滇池の汚染対策に取り組んでおり、今日の二十四時までに汚染源の改造を済ませられない企業はすべて閉鎖されることになっていた。われわれはそれを『午前零時行動』と呼んでいる。政府のこうした強力な措置を断固支持する。世界園芸博は必ずしかるべき貢献をするものと信じている」。[14]

また李瑩という雲南大学付属中学の教員も、昆明園芸博の前年における長江洪水の元凶とされた中・上流域での森林の過度の伐採と同博覧会とを結び付けて、次のように記していた。

　…この度の万博は人々に対して、人間と自然との間の相互依存の密接な関係について宣伝しなければならないだろう。そうすることで人々に、この度の特大な洪水災害の根本原因についての反省を促すべきである。すなわち大自然の保護こそが、我々人類が暮らす家を保護することになり、また我々人類自体を保護することにもなる。ただこのようにしてはじめて、我々中華民族は国を安泰

にし、民を安んじ、繁栄隆盛することができる。…我々はこの度の博覧会のホストとして、また長江上流域で生活する者として、大自然の保護に関し、さらに任重くして、道遠しとなっている[15]。

上記の五点の経済的・社会的影響に即して言えば、知識層に属する張や李という人物の発言や文章からは、昆明園芸博を契機として、第五点目にあるような単なる愛国心の発露にとどまることなく、省内外の環境問題への危機意識を深め、第三点目の持続可能な発展戦略を強力に支持する態度が見出されるであろう。一方、一般労働者の見方については、日本のあるジャーナリストは昆明園芸博を参観した際に、次のような印象を記していた。

　…市内を走るタクシーも会場までの地理は知っていても、これからぜひ入ってみたいという意欲を覗かせることもなく、ほとんど無関心だ。労働者の賃金が月額一万円前後という国柄で、入園料が百人民元（千五百円前後）とあっては、地元の人々には「高くて行けない」高嶺の花であることは間違いなく、「今世紀最後の万博」などと宣伝にこれ努められても、庶民の財布はとてもそれどころではない[16]。

前述のように、雲南省という中国のなかでもとりわけ経済発展が遅れ、博覧会開催時には全国の貧困人口の一割近くを抱えていた省においては、一般労働者は100元という高額な入園料故に、昆明園芸博を参観することができず、従って引用にあるように、無関心にならざるを得なかったと推測されよう。こうしたことはとりもなおさず、昆明園芸博の実施が、中央政府や省政府による上からの開発主義の産物であることを改めて想起させるであろう。

2. 中国 2010 年上海万国博覧会

　まず 2010 年に万博が開催される上海の相対的な豊かさを、改めて確認することにしよう。上海市政府によれば、2010 年の時点で上海では GDP が 1 兆 6,872 億元に上り、前年比で 9.9 パーセント増となった。また人口は 2011 年末の時点で約 2,347 万人であったが、2010 年の人口一人当たりの GDP は 1 万 1,809 ドルであり、中進国の所得水準になったとした[17]。

　また少し古いデータとなるが、上海住民の向上著しい生活水準は、次のように日本と比較することによって、より具体的に示すことができる（1 元＝ 13 円、上海は 2007 年の国家統計局などの調べに、日本は総務省などの調べにそれぞれ基づく）。①高等教育進学率（大学、短大、専門学校など）は上海で 82.1 パーセント、日本で 76.3 パーセント（2007 年度）。②平均結婚年齢は上海で男 32 歳、女 29.6 歳（2008 年）に対して、日本で男 31.7 歳、女 29.4 歳（2005 年）。③結婚費用予算（住宅、車を除く）は上海で 243 万円、日本で 421 万円（2007 年度、リクルート社の調べ）。④都市部での一人当たりの居住面積は上海で 16.5 平方メートル、日本で 30.1 平方メートル（2005 年、東京都）。⑤ 100 世帯当たりの携帯電話台数は上海で 217.4 台、日本で 208.8 台（2008 年）。⑥ 100 世帯当たりの自家用車台数は上海で 9.4 台、日本で 102.0 台（2008 年）[18]。以上の数字から、上海社会の経済的豊かさが日本に追いつきつつある一方で、一人当たりの居住面積などに反映される都市インフラの未整備状況が見て取れるであろう。

　次に、上海万博の概要について見ることにしよう。上海万博の開催を 1980 年代前半に最初に提言したのは日本人だったという[19]。開催期間は 2010 年 5 月 1 日から同年 10 月 31 日までの 184 日間であり、会場は上海都心を流れる黄浦江の両岸の南浦大橋と盧浦大橋の間の濱江地区に位置しており、328 ヘクタールの面積を有していた。後述するように会場の用地接収のために、万博史上例を見ない約 1 万 8 千世帯が立ち退きの対象となった。実施主体は 2010 年上海万博組織委員会であり、主任委員を王岐山国務院副総理が務めていた[20]。さらにその下に実務を取り仕切る上海世博会事

務協調局が設置されていた。

　万博開催に当たっての総事業費は約 3,900 億円であり、万博開催に付随した地下鉄や空港などのインフラ建設や都市整備などをも含めると、万博関連総投資は約 5 兆 5 千億円にも上ったという。万博史上最多の 246 の国と国際機関が出展したが、そのなかには資金難を理由にドイツ・ハノーバー万博（2000 年）への参加を見送った米国、並びに万博初参加の北朝鮮が含まれていた。開幕前から入場者数は 1970 年の大阪万博の 6,400 万人を凌駕する 7,000 万人が見込まれていた[21]。開幕当初には入場者数が予想よりも少なかったが、その後、上海市政府が地方政府や国有企業に団体客を動員するように呼びかけるなどした結果[22]、最終的に 7308 万人に達し、史上最多となった[23]。

　また先述したように、上海万博のテーマは「より良い都市、より良い生活」であり、さらに五つのサブ・テーマが掲げられている。サブ・テーマはそれぞれ「都市多元文化の融合」「都市経済の繁栄」「都市科学技術の革新」「都市コミュニティーの再生」「都市と農村の対話」となっていた。メイン・テーマと五つのサブ・テーマを具現化するに当たって、上海万博当局は二つの軸、すなわち尺度軸と時間軸を提起した。そして尺度軸は「都市人」「都市」「都市惑星」という三つのコンセプトにより、時間軸は「足跡」と「夢想」という二つのコンセプトにより、それぞれ構成されるとした。尺度軸に属する三つのコンセプトのうち、「都市人」と「都市」については独自な観点が含まれており、また後述する万博会場用地の接収に際しての強制立ち退きとも関連があると思われるので、以下に詳しく引用することにしよう。まず「都市人」についてであるが、次のような説明が施されていた。

　人間とは都市の細胞であり、また都市の霊魂である―人間は都市に文化、性格、新しい力を付与するものである。ますます多くの人間が「都市人」になるにつれて、都市の人口は日毎に増え、類型もまた多様性を具えるようになっている。同時に、都市の外部の人々の生活もまた、都市化のプロセスの影響を被ることを免れないでいる。都市は人類の生存の質を高める原動力になり、また人類の新機軸と創造の揺籃とならなければならない。

次いで「都市」については次のような解説がなされていた。

　都市は人類の最初の集住地が進化したものであり、今日の都市は複雑かつ有機的なシステムになっている。都市と都市の間には共通性があり、また各々の独自性もある。都市が住むに適しているか否か、永続的な活力を備えているか否かということは、人々の都市システムの特性や発展法則に関する理解如何、及び人々の日常生活、都市建設、開発・管理における合理的な行動如何によって決まるのである。

　さらに「都市惑星」については、世界各地における都市化の故に、「都市は地球の生態・資源の体系に大きな影響を及ぼしており、…人間の居住と地球の自然環境の間には健全な対話が打ち立てられるべきである」と主張されていた。一方、時間軸に属する「足跡」については、「都市とは人類文明の結晶であり、不断に進化している有機体であって、人類の歴史において多くの足跡を残している」という観点から、主として都市の過去の歴史に焦点が当てられていた。また「夢想」については、地球人口に占める都市居住者の割合が 2030 年には 60 パーセントになると予測されるという「都市時代」の到来を前に、未来における「持続可能な都市の形態や理想の都市の発展モデル」が探求されるべきであるとしていた。

　上述の五つのサブ・テーマのコンセプトを盛り込んだテーマ館がそれぞれ設けられることになった。浦東に「都市人」（「都市人館」）、「都市」（「都市生命館」）、「都市惑星」（「都市プラネット館」）の三つのテーマ館が隣り合って並び、さらに浦西には都市文明の美術館とも言うべき「足跡」のテーマ館（「都市足跡館」）が、また老朽化した工場設備を再利用した「夢想」のテーマ館（「都市未来館」）が、それぞれ設置された[(24)]。

　「都市人館」「都市生命館」「都市プラネット館」は「テーマ館（主題館）」と呼ばれる巨大な建築物の中に入っていた。ちなみに「テーマ館」は「一軸四館」と呼ばれる上海万博の中心を構成する「一館」とされていた。他の「三館」は、「東方の冠」というモチーフにより「東方の冠、中華を鼎盛し、天下の糧倉、百姓に富庶たり」という中国文化の精神を表現した「中国

館」⁽²⁵⁾、及び「万博センター（世博中心）」「万博演芸センター（世博演芸中心）」
である。「一軸」とは全長 1 キロ、幅 110 メートルの最大の建築物である
「万博軸（世博軸）」を指していた。またベストシティ実践区も注目を集めて
おり、そこでは世界各地の都市における都市問題の解決、並びに都市生活の
質の向上のための各種の実践プランが提示されていた。〔写真：中国館（現
在の名称は中華芸術宮）http://www.shanghaikanko.com/expomemorial/
index.html（最終アクセス 2014 年 9 月 7 日）より引用〕

　ところで、日本の上海万博に対する出展にはどのようなテーマやメッセー
ジが掲げられていたのだろうか。日本館（その丸みを帯びた外観が蚕の繭を連想
させることから、「かいこじま（中国名は紫蚕島）」と命名された）では、テーマを
「こころの和・わざの和」とし、メッセージを「つながろう！調和のとれた
未来のために」とした。展示ゾーン 1 では、「つながりの驚き」をコンセプ
トに、「遣唐使をはじめとした先人たちが苦労の末に伝えた中国の文化や技
術が、今日の日本に様々な形で根付いている」ことを表わすとしていた。展
示ゾーン 2 では、「『知のつながり』から『心のつながり』へ」をコンセプ

トに、人類が直面する環境問題など共通の課題を解決するための技術や、「心のつながる未来志向の取り組み」を展示するとしていた。展示ゾーン３では、「『心のつながり』と未来の調和」をコンセプトに、「地球や人類、未来の子どもたちを思いやる心がつながる」ことで、調和のとれた未来を実現し得るというヴィジョンを表現するとしていた[26]。

　もっとも会期中の９月上旬に尖閣諸島沖で漁船衝突事件が起こった結果、皮肉にも日中間は「つながろう！」とは正反対の関係に立ち至った。同事件が起こる直前の８月下旬には、日本館は孫文の辛亥革命（1911 年）を財政的に支えた梅屋庄吉（1868-1934 年）の秘話を伝える「孫文と梅屋庄吉展」を開催して[27]、日中友好の雰囲気を盛り上げようとしていただけに、水を差された格好となった。また日本各地の大学生約 1,000 人で結成された「日本青年上海万博訪問団」による９月下旬に予定されていた訪問は、突如中国側からの突然のキャンセルによって中止されることとなった。一ヵ月後の10 月下旬になってようやく実現の運びとなったものの、訪問団は記者の取材を一切受けないように指示されるなど、終始ピリピリした状態に置かれていた[28]。会期中の終盤に日中関係がギクシャクしたものの、日本館の最終的な入場者数は 541 万人にまで達した。ロボットや未来カメラなどの協賛企業の技術を活かしたショーを実演したほか、日中の著名な演出家による本格的なライブショーを毎日上演して、来場者に楽しみながらテーマを実感してもらうことを目指すなどした成果であろう[29]。

　その他の日本のパビリオンとしては、日本産業館と大阪館があった。日本産業館は帝人、ダイキン工業、キッコーマンなどの企業 19 社と静岡県、横浜市の２自治体が出資して出展したものである[30]。テーマは「日本が創るより良い暮らし」であり、サブ・テーマは「Ｊ‐感覚」を映すという「きれイ、かわいイ、きもちいイ」であって、それは「無国籍であり、超時代であり、単性的」であるとされながらも、「紛れもなく日本」そのものであると解説を付されていた。日本産業館は「経済的にも空間的にも、環境保護の思想的にも、最善の選択」として、旧江南造船所跡の巨大産業遺産を再利用することにした[31]。大阪館は、大阪府・市がともに上海市の姉妹都市であることから単独で出展したものである。大阪館では、派手に大阪の観光 PR が

行なわれたほか、大阪市や民間企業による「高度浄水処理技術」の展示が大きな注目を集めた[32]。

　さて、上海万博の開催により、地元の上海を中心とした長江デルタ都市圏には、どのような経済的・社会的な影響が及ぶと考えられていただろうか。中国人のとある研究者は2004年の段階で、上海万博の実施に伴い経済、社会、生態の各領域で受けると予測されるプラスの影響とマイナスの影響を次のように列挙していた。

①経済領域
・プラスの影響：長江経済ベルト地帯の形成が促進される。産業構造が改善される。巨額の経済的利益が産出される。税収が増加する。観光業が発展する。就業機会が創造される。国際マーケットが拡張される。技術ブランド力と産業レベルが向上する。
・マイナスの影響：不確定性の危険が経済的損失をもたらす。民族産業に衝撃と圧迫が加わる。経済的紛糾。経済犯罪。急激な価格上昇。利益配分に妥当性を欠くことにより国家（都市）において規範が破壊される。知識財産権の問題。失業問題。収入格差。
②社会領域
・プラスの影響：国家（都市）間で交流と協力が行なわれる。都市精神が形成される。新たな理念が導入される。文化的視野が拡大される。市民の相対的な民度が向上する。都市化がさらに推進される。
・マイナスの影響：社会の公共安全。国内外のテロ・非合法組織の活動の標的となる。違法犯罪などの社会治安の問題が発生する。立ち退きなどにより集団的事件（集団かつ騒乱を伴った陳情）が引き起こされる。生態面における突発的な事件により生態環境保護の意識が強化される。
③生態領域
・プラスの影響：都市が改造されて、新たに生まれ変わる。インフラ及びその機能の組み合わせが完全なものになる。
・マイナスの影響：生態環境が破壊される。エネルギーや資源が浪費される。流動人口が膨大化する。交通などのインフラの受ける圧力が過度にな

る。国内外の病原菌やウイルスが生物に入り混じり伝染する。

（呂将「世博会対上海社会穏定影響的分析」諸大建・姜富明主編『世博会対上海的影響和対策』同済大学出版社、2004年、104頁より筆者が作成）

　経済、社会、生態の各領域において予測されたプラスの影響とマイナスの影響の各項目について、どのように評価すべきだろうか。結論から言えば、経済・社会領域ではプラスの影響が相対的に目に付く一方で、生態領域ではマイナスの影響が際立っているようである。

　経済領域におけるプラスの影響の一つの「巨額の経済的利益が産出される」については、上海財経大学万博経済研究院の孫元欣副院長が万博の前年に、その開催による経済波及効果を1兆2,000億元から1兆5,000億元、日本円にして約20兆円に上ると試算していた。この数字は最大で約7兆7,000億円だったとされる愛知万博のそれの二倍以上となる。また「長江経済ベルト地帯の形成が促進される」に関しては、孫副院長は、経済圏が上海市郊外に拡大するほか、長江デルタの主要都市との経済交流が活発化するであろうと述べていた[33]。もっとも長期的には高度経済成長は難しいという声も日本には少なからずある[34]。

　また社会領域におけるプラスの影響の一部である「新たな理念が導入される」や「文化的視野が拡大される」に関連して、「日本産業館」の総合プロデューサーの堺屋太一は次のように指摘していた。上海万博を契機として「中国のいまの農工社会、つまり農業と製造業が中心の社会ですが、第三次産業が大きな社会に生まれ変わる」。さらに大阪万博後に日本社会では、「国民生活としてはブランド品やカジュアルウェアが拡がり、ファッショナブルな世の中が生まれました。それと同じことが中国で起ころうとしている」と。つまり上海万博が中国人のライフスタイルを大きく変えるであろうとしたのである[35]。

　一方、生態領域におけるマイナスの影響面の一つである「生態環境が破壊される」については、例えば微小粒子状物質PM2.5による大気汚染が上海でも深刻化するなど悪化の一途をたどっている。もっとも上海万博当局は愛知万博を意識して、生態系保護のための建設を最優先課題に据えるとしてい

た。その一環として、会場の黄浦江の南岸のウォーターフロントに緑地帯を
つくり、ロンドンのハイドパークやニューヨークのセントラルパークのよう
な緑の環境を上海につくり出すとしていた[36]。万博会場内の「世博公園」
と呼ばれるその緑地帯は、面積が29ヘクタールにも上っている[37]。しか
し万博当局が博覧会の開催を通して、上海の環境問題の解決を真剣に志向し
ていたかは疑わしい。それは、万博当局が2005年にB.I.E（博覧会国際事務
局）の執行委員から「過度な商業主義」との批判を浴びたにもかかわらず、
二年を経ても改まらず、「いまだ（商業主義が）色濃く残る」と報じられたこ
とからも推察できよう[38]。上海万博後の急速な大気汚染の悪化も頷けると
いうものである。

　さて、上海万博に対して、上海の人々はどのように見ていたのだろうか。
万博開催に付随する商業主義による宣伝もあいまって、開催前から上海社会
では歓迎ムードが高まっていた。例えば、上海烟草（たばこ）（集団）公司は
「百組の新郎新婦、百年に一度の二重の祝い事（百対新人百年双喜）」という催
しを立ち上げた。これは、新婚カップルが万博会場でともにボランティアを
しながら、新婚生活を過ごすという企画であり、参加者の様子は以下のよう
であった。

　　「私たちは大学の同級生なんですよ」。妖林寒は笑いながら鄭鈺銘の手を引いた。
　　この新郎が記者に述べることには、彼らは今年中に結婚に必要な書類の手続き
　　を行ない、結婚式は来年五月の初め、まさに上海万博開幕の日にとり行なうと
　　のことである。二重の喜びが訪れるというわけで、彼らは上海万博のボランティ
　　アに登録し、万博会場内で蜜月を過ごすという計画を立てている。「私たちも
　　登録します！」、「私たちカップルもボランティア名簿に付け加えて下さ
　　い！」[39]

　上海万博が開幕すると、外国と縁遠い多くの人々にとって、上海万博は世
界の国々を垣間見る絶好の機会となった。なかでも一番人気だったのは高級
リゾートホテルのような雰囲気のサウジアラビア館であり、平日の昼間にも
かかわらず、5時間も並ばなければならなかった。次いで人気があったのは
日本館であった。人々の購買力も旺盛であり、ポーランド館の宝石、イラン

館のペルシャ絨毯、ベルギー・EU 館の高級チョコレートなどが飛ぶように売れていた[40]。

　一方、会場の用地接収の際に強制的に立ち退きをさせられた人々のなかには、上海万博の開催を歓迎し得ない者が出てきた。確かに、上述の社会領域におけるマイナスの影響の一つである「立ち退きなどにより集団的事件（集団かつ騒乱を伴った陳情）が引き起こされる」については、北京オリンピック時よりも当局の「懐柔策」が際立ち、風呂付きで移転前の住宅よりも広い新興住宅を用意することで、「大きな抗議活動は封じ込めた」[41]。こうしたマイナスの影響を排除した自信からか、万博の当局者も「万博予定地から立ち退いた人たちが、（万博のテーマである）『より良い都市　より良い生活』を最も早く経験したのでは」と発言したりしていた[42]。だが我々はあえて、たとえ「集団的事件」や「大きな抗議活動」に発展することがなかったにせよ、立ち退きに不満をもつ人々の声にも耳を傾けるべきだろう。例えば主婦の何瑛一家の状況は以下のようであった。

　　「私たちだって役人に金品を送ろうと考えた。でもそんなお金が、どこにあるというの？」。主婦、何瑛さん（52 歳）が涙ながらに訴える。夫（53 歳）と中学生の娘（15 歳）の三人暮らし。一九八〇年代後半になけなしの金をはたいて自宅と離れを建てた。夫は失業中で生活費は月九百元（約一万一千円）の何さんの年金が頼り。離れを貸し、その家賃千元を一人娘の教育費に充ててきた。政府が決めた引っ越し先は一棟のみ。「家賃収入がないと娘を学校に通わせられない」。何さんが天を仰ぐ。近所の人は次々に引っ越し、周辺は今春以降で一変した。嫌がらせも受ける。毎朝四時、がれきを撤去するブルドーザーの音で起こされる。離れは、家を空けたすきに家具がすべてなくなっていた。被害を警察に訴えても相手にしてもらえない。原因は貧しさだと信じている。「なぜある人は前より広い家を割り当てられたのか。私たちだって役人に金品さえ渡しておけば」[43]。

　こうした何瑛一家の境遇に思いを馳せると、我々の心中には「『より良い生活』を世界に示すために、数万人もの庶民が有無を言わせず郊外へと追いやられたのは、何とも皮肉な話だ」[44]という感想が沸いてくるだろう。ここ

で万博と強制立ち退きとの関係をさらに踏み込んで考察するために、先述の上海万博の5つのコンセプト―「都市人」「都市」「都市惑星」「足跡」「夢想」―のうち、「都市人」と「都市」に関する万博当局の解説を改めて振り返ることにしよう。そこでは「都市人」において「人間とは都市の細胞」であると、また「都市」において「都市は複雑かつ有機的なシステム」であると、それぞれ譬えられていた。つまりこの隠喩に従うのなら、上海という巨大にして複雑な「有機的なシステム」においては、何瑛をはじめとする立ち退きを拒否する住民は単なる一「細胞」でしかないということになるであろう。そうである以上、上海という「有機的なシステム」全体の意思決定（濱江地区での万博開催、及びそれに付随する巨額の経済的利益の獲得）を阻害しかねない一「細胞」たる何瑛らの抗議などは、強制的に粉砕されてしかるべきであるという結論が導かれるであろう。先の万博担当者の発言の表現を借りるのならば、万博予定地から立ち退くことを拒んだ人たちもまた、万博のテーマが内包するまた別の一面を経験したということになると言えはしないだろうか。

おわりに

　昆明園芸博と上海万博がそれぞれ開催地域に与えた影響の共通点としては、何よりも巨額の経済的利益の産出が挙げられよう。昆明園芸博では開催を契機として、経済発展の遅れた雲南省の主要産業である農業や観光業のさらなる発展、及び昆明市内のインフラ整備が期されていた。一方、上海万博では2008年のリーマンショック以後の世界同時不況を背景として、博覧会の開催、並びに関連インフラ建設に総額約5兆5千億円もの資金が投じられることによる需要の拡大に、中国内外から大きな商機として熱い視線が送られていた。上海万博当局の経済的利益を専らに追求する姿勢は、2005年にB.I.E（博覧会国際事務局）の執行委員から「過度な商業主義」との批判を浴びたほどであった。

　昆明園芸博と上海万博のそれぞれのテーマである環境問題や都市問題は、いずれも地域住民の直面する大きな課題となりながらも、おおよそのところ

両博覧会は中国の中央政府や地方政府による上からの開発主義の産物であると言え、地域住民は疎外される傾向にあった。昆明園芸博では、当地の一般労働者の収入からすると、かなり高額な入場料が設定されたことから、事実上省内の多数を占める低所得者が博覧会から閉め出される結果となった。また上海万博では、都市と人間の関係を「有機的なシステム」と「細胞」の関係になぞらえる独特のテーマ観も加わって、会場用地接収に際し、数万に上る人々を、場合によっては強制手段に訴えてまでして、強制的に立ち退かせることとした。

　もっとも我々は博覧会の開催による人々への啓蒙効果をも無視してはならないだろう。昆明園芸博の開催に際しては、知識層を中心に雲南省内外の環境問題に対する関心が高まったようである。また上海万博においても、高学歴人口が広範に存在していることから、人々はライフスタイルの変化を享受するにとどまらず、様々な都市問題に対する認識をより広くかつ深く共有するに至ったことであろう。

（1）　張兵「日本の経験から見た中国の大都市問題の現状と課題」『立命館国際地域研究』第 26 号、立命館大学国際地域研究所、2008 年 2 月、97-101 頁。『ロイター（ウェブサイト版）』2013 年 12 月 27 日、http://jp.reuters.com/article/worldNews/idJPTYE9BQ02B20131227（最終アクセス 2014 年 9 月 7 日）。

（2）　『中日新聞（朝刊）』1999 年 2 月 9 日。

（3）　上島晃嗣「中国 '99 昆明世界園芸博覧会」『新都市』53 巻 6 号（629 号）都市計画協会、1999 年 6 月、69 頁。

（4）　雲南省園芸博覧局編、郭方明主編『園芸博覧　世紀盛会－中国 '99 昆明世界園芸博覧会』中国旅游出版社、1999 年、9-10 頁。

（5）　『アエラ』No.38、朝日新聞社、1998 年 11 月 9 日、46 頁。

（6）　王燕娟「人間と自然が調和して存在」『北京週報』No.22、北京週報社、1999 年 6 月 1 日、22 頁。

（7）　『中日新聞（朝刊）』1999 年 2 月 9 日。

（8）　都市緑化協会「中国 '99 昆明世界園芸博覧会閉幕す」『新都市』53 巻 12 号（635 号）都市計画協会、1999 年 12 月、119 頁。

（9）　雲南省人民政府新聞弁公室編『昆明世博園』雲南大学出版社、1999 年、6 頁。

(10) 戴小華「準備が整った中国昆明世界園芸博」『北京週報』No. 19、1999 年 5 月 11 日、30 頁。

(11) 前掲、都市緑化基金「中国 ’99 昆明世界園芸博覧会閉幕す」119 頁、122 頁。

(12) 前掲、雲南省園芸博覧局編、郭方明主編『園芸博覧　世紀盛会―中国 ’99 昆明世界園芸博覧会』15-17 頁。

(13) 『アエラ』No.38、朝日新聞社、1998 年 11 月 9 日、46 頁。

(14) 王国振「昆明市を急ぎ足で見て回る」『北京週報』No. 22、1999 年 6 月 1 日、27 頁。

(15) 李瑩「『百年洪災』與 ’99『昆明世博会』」『滇池』1999 年 2 期、40 頁。

(16) 宮崎正弘「特集　国際　現地レポート　昆明万博の惨敗が暗示する中国経済さらなる迷走の気配」『エルネオス』5 巻 7 号（56 号）エルネオス出版社、1999 年 7 月、97 頁。

(17) http://www.shanghai.gov.cn/shanghai/node2314/node3766/node3796/index.html（最終アクセス 2014 年 9 月 7 日）。http://www.shanghai.gov.cn/shanghai/node2314/node3766/node3783/index.html（最終アクセス 2014 年 9 月 7 日）。

(18) 『朝日新聞（朝刊）』2009 年 1 月 27 日。

(19) 朱建栄「上海万博から見る中国の現在と未来」『世界』2010 年 9 月号、岩波書店、140 頁。上海万博の開催を提言した日本人については、竹内宏（当時、日本長期信用銀行調査部長）と堺屋太一の二つの説があるという。

(20) http://jp.expo2010.cn/sbgy/zzjg/index1.htm（2014 年 9 月 7 日時点でアクセス不可能）。

(21) 『朝日新聞（朝刊）』2010 年 5 月 1 日。

(22) 『朝日新聞（朝刊）』2010 年 6 月 2 日。

(23) 『朝日新聞（朝刊）』2010 年 11 月 1 日。

(24) 『中国 2010 年上海世博会主題内容指南』上海世博会事務協調局、http://www.expo2010.cn/ztyy/index.htm（最終アクセス 2014 年 9 月 7 日）。

(25) http://www.expo2010.cn/a/20080815/000023.htm（最終アクセス 2014 年 9 月 7 日）。

(26) http://shanghai.expo-japan.jp/jp/exhibition/pavilion/exhibition_zones.html（2014 年 9 月 7 日時点でアクセス不可能）。

(27) 『朝日新聞（朝刊）』2010 年 8 月 25 日。

(28) 『朝日新聞（朝刊）』2010 年 10 月 29 日。

(29) https://www.jetro.go.jp/jetro/topics/1011_topics1.html（最終アクセス 2014 年 9 月 7 日）。

(30) 『朝日新聞（朝刊）』2009 年 7 月 5 日。

(31) http://www.shanghai-expo-sangyoukan.jp/japan-industry/index.html

　　　　（2014 年 9 月 7 日時点でアクセス不可能）。
(32)　『朝日新聞（夕刊）』2010 年 7 月 28 日。
(33)　『中日新聞（朝刊）』2009 年 6 月 25 日。
(34)　例えば、安室憲「上海万博で躍進を狙う中国企業の強みと弱み—万博後の
　　　　中国経済を占う」関西日中関係学会他編『上海万博と中国のゆくえ』桜美
　　　　林大学北東アジア総合研究所、2011 年。
(35)　堺屋太一「2010 年の上海万博で、中国の産業構造が変わる　作家　堺屋
　　　　太一　万博は国のライフスタイルを変える。日本企業は万博出展で文化的
　　　　存在感を打ち出せ！」『財界』55 巻 12 号（1386 号）財界研究所、2007
　　　　年 6 月 12 日、61 頁。その点については、朱建栄も「大阪万博後に似てい
　　　　て、衣食住を含めたライフスタイルが大きく変わり、内需が拡大し、旺盛
　　　　な消費が拡大していくに違いない」と述べていた（前掲、朱建栄「上海万
　　　　博から見る中国の現在と未来」145 頁）。
(36)　林崇珍「上海は愛知万博から何を学ぶか—中国人記者が見た EXPO」『人民
　　　　中国』627 号、人民中国雑誌社、2005 年 9 月、15 頁。
(37)　http://www.expo2010.cn/ghjs/ghjs_sbgh/index.htm（最終アクセス
　　　　2014 年 9 月 7 日）。
(38)　『中日新聞（朝刊）』2007 年 9 月 27 日。
(39)　『新民晩報』2009 年 6 月 6 日。
(40)　『朝日新聞（朝刊）』2010 年 6 月 2 日。
(41)　『朝日新聞（朝刊)』2009 年 4 月 30 日。
(42)　『朝日新聞（朝刊）』2009 年 5 月 2 日。
(43)　『中日新聞（朝刊）』2005 年 9 月 28 日。
(44)　『中日新聞（朝刊)』2007 年 9 月 27 日。

参考文献（邦語）

関西日中関係学会他編『上海万博と中国のゆくえ』桜美林大学北東アジア総
合研究所、2011 年
江原規由『上海万博とは何だったのか—日本館館長の 184 日間』日本僑報
社、2011 年

＊なお本章は「中国の改革開放期における博覧会—中国 '99 昆明世界園芸博
覧会と中国 2010 年上海万国博覧会」（『愛知学院大学教養部紀要』第 57 巻第 3
号、2010 年）を大幅に加筆修正したものである。

トピックス：「上海万博のマスコット『海宝』について」

　2005年の愛知万博（愛・地球博）のマスコットはモリゾーとキッコロであったが、上海万博のマスコットとしては、全世界で応募された約2万7千の作品から「海宝（ハイパオ）」が選ばれた。「海宝」という名称は「五湖四海（世界の意味）」と「上海」の二つの「海」からとられ、世界と上海を結ぶ宝という意味が込められており、そのデザインは漢字の「人」をイメージしたものとなっている。また「海宝」は水色をしているが、水色は地球・夢・海洋・未来・科学技術などの要素を示し、上海万博の「より良い都市、より良い生活」のテーマに符合するとされている。〔写真：海宝　http://www.expo2010.cn/index.shtml（最終アクセス2014年9月7日）より引用〕

第 2 部　台湾における博覧会の歴史

第5章　台湾：展覧会の始まりと台湾博覧会

やまだ あつし

はじめに

　博覧会の重要な役割として、観衆に知らせたいものの実物を見せ、体感させることがある。テレビ普及前、映画や写真は白黒だった時代において、色のついた実物を見せることに高い宣伝効果があったことは疑問の余地が無い。まして識字率が低くかつ言語が異なりコミュニケーションに不自由する人々が相手ならば、実物を見せることは不可欠な宣伝手段と考えるべきであろう。

　日本統治時代の台湾は、統治末期にこそ就学率が70％に達し、識字率も日本語普及率も向上していた。しかしながら末期であっても完全に日本語化した社会とは言えなかった。それ以前はどうか。末端の警察官は、赴任前に十分な言語教育を受けることで自分の受け持ち区域における被統治者の言語を使いこなしていたが、一般官吏は日本語しか使うことができなかった。統治機関である台湾総督府が台湾の被統治者に何か働きかけようとすれば、警察官を介して伝達するか[1]、知らせたいものを（できれば実物で）見せることが必要であった。同様に製糖工場など日本企業が台湾で何か行うにも、知らせたいものを見せることが必要であった。

　日本統治時代の代表的博覧会は、1935年の「始政四十周年記念台湾博覧会」（以下、台湾博覧会）である[2]。これは名のとおり始政40周年、すなわち1895年に開始された日本の台湾統治40周年を記念して、台北で1935年10月10日から11月28日まで行われたものである。しかしながら統治40周年に至るまで、博覧会と名づくものこそ無かったけれども、共進会とか品評会とか展示会とか名づけられたものは、台湾の各時代を通じて開催され

た。そして規模や方式についても、種々の試行錯誤の末、拡大が続いた。

　本論は、やまだあつし「台湾総督府の産業政策と在地有力者——児玉・後藤期（1898〜1906年）を中心に——」[3]および山路勝彦『近代日本の植民地の博覧会』[4]、さらに台湾の程佳恵『台湾史上第一大博覧会 —— 1935年魅力台湾SHOW ——』[5]、呂紹理『展示台湾——権力、空間與殖民統治的形象表述——』[6]などの先行研究を参考にしながら、日本統治時代台湾においてどのように事物や文化の展示がなされて来たかを、統治初期と1935年の台湾博覧会を中心に紹介するものである。

1. 台湾での展示会の始まりと発展

　日本軍が台湾を占領し、台湾総督府が統治を開始したのは1895年6月である。ただし総督府の統治開始は日本の台湾掌握を意味しなかった。総督府が軍事警察的に台湾を掌握できたのは、1902年に抗日ゲリラの首領であった林少猫が戦死してからと言われる[7]。それに先立つ1898年に総督府は保甲条例を発布した。この条例は漢族系台湾人を10戸で1甲（甲長が指揮する）、10甲で1保（保正が指揮する）とする保甲に組織し連帯責任を負わせた上で、保甲全体を警察の指揮下において治安維持に当たらせるものであった。さらに総督府は1901年に地方制度を改正し、地方事務の大半を警察官吏によって執行する体制を組んだ。これで狭義の警察行政だけなく、衛生や農政や納税さらには道路建設を含め地方のあらゆる行政に警察官吏が関与し、保甲を通じて台湾人を指揮する体制が成立した。そして1905年に総督府は今日の国勢調査に相当する臨時台湾戸口調査を行い、漢族系台湾人の個人把握に成功した。

　さて、被統治者の個人把握までできても、それだけでは植民統治に「成功」したことにならない。日本は統治コストに見合うだけの収益を上げることができたであろうか。総督府の収益で見ると1905年に土地調査事業を完了させ、田畑の登録面積を71％も増やし、地租（土地税）の徴収総額を1903年度の92万円から1905年度の298万円へと増やすことに成功した。また1901年に専売局を設け、アヘン（清末以来、台湾人に中毒者が多かった）や

樟脳（台湾山地は原料となるクスノキが多かった）の専売制度を確立して収入源とした。

　とはいえ統治経費は日本本国の公的資金によっていた。植民地台湾の中央銀行である台湾銀行は日本政府の資本参加と欠損補填準備の保証によって、ようやく設立できた。土地調査事業は、縦貫鉄道建設や港湾整備とともに1899年に公布された「台湾事業公債法」に基づく公債によって営まれたが、1906年度までに15回、額面にして3450万円余発行された全額が台湾銀行または国庫預金部に引き受けられた。公的資金でない日本資本が初期台湾統治に関与したのは、工事の受注業者としての役割であり、資本投資は少なかった。1900年に三井財閥によって創設された台湾製糖株式会社は資本金100万円であるが、三井ですら独力投資は無理で、総督府による資本金への利子補給と天皇家からの出資によってようやく設立できた。公的資金が回らない各地方の個別投資は被統治者である台湾人に働きかけるしか無かった。

　総督府の台湾人への働きかけとして知られているのが、事業設立への勧誘である。総督府や地方庁から台湾人有力者へ事業設立を持ちかけ、出資させ会社を興し、会社支配人に日本人専門家を送り込むことで、損失の危険を台湾人側へ負担させながら会社の実権を握るやり方が取られた[8]。このように設立された会社の中には、彰化銀行（現在は彰化商業銀行）のように現在も盛業中の会社も存在する[9]。勧誘は出資に限られたわけではない。教育機関への入学者勧誘もあったし、鉄道利用の客貨も勧誘された。とはいえ勧誘だけでは限界がある。銀行のように従来存在しなかった業種もあったし、糖業のように設備が清代伝来のものとは全く違う業種もあった。これでは資本は動員できても、技術や意欲までの動員は難しい。より広範な層に投資を勧誘し、そして台湾人の得意分野である米や糖業の生産意欲を刺激する方法として利用されたのが展覧会である。

　展覧会の活用は総督府内でも早くから検討されていた。当時台湾最大の日刊紙であった『台湾日日新報』は、1900年3月10日付「殖産奨励に対する総督府の方針（共進会及品評会開設）」という記事で、台湾内部でも1897年頃より共進会や品評会などを開く希望があり、1900年頃には総督府内でも

でも実行可能であった。そして総督府の支配が進展するにつれて、台湾各地
で展覧会が実際に開催されるようになってきた。

　当時の展覧会の状況を示す例として、1905年の蕃薯寮庁牛畜組合聯合共
進会を紹介したい[10]。この共進会はそれまで都市、すなわち総督府の支配
が占領初期から浸透していた地域で開催されていた展覧会が、支配の進まな
かった地方へと展開した早期の事例であった。またそれまでの展覧会が、地
域の農産物の総合的な展示、すなわち部門別に審査するとはいえ米も麦も果
樹も畜産も全てが並行して展示されていたのに対し「本島に於ける牛畜共進
会の嚆矢」であって、展示の分化と専門化が進展し始めた時期の事例であっ
た。つまり初期の注目すべき催しである。

　蕃薯寮庁管下牛畜組合聯合共進会は、同庁管下にある各地の牛畜組合の聯
合会の主催により、1905年11月10日と11日に庁内の蕃薯寮街（今の高雄
市旗山区）の鼓山で開催された。集められたのは、黄牛（在来中国牛）241頭、
水牛158頭であった。他に総督府が台湾で普及を進めていた輸入種である
デボン種の種牛6頭および雑種（デボン種と台湾在来黄牛との雑種）1頭も参考
展示された。

　会場は、鼓山の山腹に3500坪（11550㎡）の用地を確保、そこに2140坪
（7062㎡）の広場を造った。広場周囲に楕円形の長さ300間（545m）、幅3間
（5.5m）の道をつけ、道の外側に長さ280間（509m）、幅1間（1.8m）の竹小
屋をめぐらして陳列場とした。他にも開会式等の式場や参観者の休憩場等
が、何れも仮設で設けられていた。経費は2296円50銭で、うち800円が
総督府からの補助、残りは組合費からの支出であった。

　開会式は10日朝9時から行われた。庁長挨拶、総督府の殖産局長（殖産
局技師が代理）挨拶、地方総代の台湾人挨拶、出品人総代の台湾人挨拶等であ
る。朝10時から表彰授与式が行われた。ここでも各種挨拶の後で、授与が
行われた。式の後は牛を見学する時間が設けられた。閉会式は11日に行わ
れた。

　出展された牛の審査は、開会前日の11月9日に行われた。総督府等の審
査員は日本人の技術者4人、審査補助者の台湾人16人であり、それぞれ半
数が黄牛、半数が水牛に分かれて審査を行った。一等は賞金10円と賞旗5

色、二等は賞金 5 円と賞旗 4 色、三等は賞金 2 円 50 銭と賞旗 3 色、四等は賞金 1 円と賞旗 2 色、五等は賞金 50 銭と賞旗 1 色であった。牛は庁内の合計 13 の牛畜組合から出品され、1 等は渓州の黄牛 1 頭と水牛 1 頭、月眉の黄牛 1 頭、阿里関の黄牛 1 頭、游濃の水牛 1 頭、合計して黄牛 3 頭と水牛 2 頭が受賞した。1 ～ 5 等で合計して黄牛 97 頭、水牛 80 頭であった。すなわち出品された牛のうち、黄牛は 40 ％、水牛は 50 ％が受賞した。

　開会式で聯合共進会長（蕃薯藔庁長が兼任）は、

殖産の事枚挙に遑あらすと雖も管下にありては牛畜の改良及増殖を最も急務とす庁下の組合員諸氏爰に観るあり夙に種牛を購入し以て交尾普及の方法を設け洋種「デボン」の如き既に三百頭の多きに達せりと雖も各自の牛畜を一場に蒐め良否を審評し以て相互の優劣を明にするは牛畜の改良奨励の一大捷径たる是れ本会の開設せられたる所以にして

として（爰はここ、夙は早くから、蒐めは集め、捷径は近道）、デボン種の導入による「改良」を台湾人にうながし、その「改良」の成果を庁下に見せ、さらに「改良」を推進するための会であることと述べている。審査概況でも審査委員長の殖産局技師は、在来黄牛の欠点を述べた上で、

如此欠点は既に企図せる方法に依り漸次「デボン」種を以て改良し得へきは疑を容れさる所なり

としている。つまりこの会は単なる牛の展示ではなかった。この会の報告書は会について、

邊陬の地に拘らず他庁よりも続々多数の参観者ありて予想外の盛況を極めたるは大に地方民の頭脳に刺激を与え克く本会の趣旨を曉得せしめたるものにして牛畜の改良発達のみならす一般産業奨励上一大動機を与えたるは信して疑はさる処なり

と地方への産業奨励と啓発の効果を高く評価している（邊陬の地は僻地、曉得は理解）。これは自画自賛でない。同年以降に台湾の各地方で、地方庁や農会そして製糖会社が、共進会や品評会と銘打った産業奨励の展覧会を多数開く

ようになっただけでなく、柑橘の品評会や甘蔗の品評会というように、専門分化した展覧会を開催するようになった。そこでは米であれば（日本人が好むジャポニカ米の栽培はまだ成功しなかった時期であったので、インディカ米ではあったが）日本米への混用に向いた小型で丸粒の米が奨励され、甘蔗であれば増産局がハワイから導入していたローズバンブー種が奨励された。すなわち台湾人への産業奨励だけではなく、総督府等が奨励する品種の地方普及を支える催しとしても定着していった[11]。

2. 台湾博覧会

　台湾人の産業を奨励する催しとして 1900 年代に開始された展覧会は、1910 年代以降も継続して開催された。ただし内容は日本本国の博覧会の変化と足並みを合わせるかのように娯楽的な要素が取り入れられ、展覧会の規模や開催期間も拡大していった。規模や開催期間の拡大により、日本本国からの出展者や視察者も増えた。日本本国からの視察者や娯楽を楽しむ一般観客に対し、主催者側による統治「成果」の宣伝も行われるようになった。統治前半で規模が最大であったのは始政二十周年台湾勧業共進会であり、1916 年 4 月 10 日から 5 月 15 日まで開催され 809,830 人が来場した[12]。そして、統治全体を通して最大規模であったのが、1935 年の台湾博覧会であった。

　台湾博覧会は統治 40 年の節目以外にも、経済政策との連動を見逃せない。1930 年代には、1930 年 11 月 10 日〜14 日に台北で臨時産業調査会、1935 年 10 月 19 日〜23 日に台北で熱帯産業調査会、1938 年 9 月 30 日に東京で重要産業調整委員会、1941 年 10 月 31 日〜11 月 1 日に台北で臨時台湾経済審議会というように、総督府が主催し日本本国から多数の参加者を迎えた会議が開催されていた[13]。これら会議は、1930 年代になってそれまでの砂糖・米・茶・バナナといった農産物開発と輸出だけの経済構造に行き詰まりを見せていた台湾において、新たな経済発展の場を模索するとともに、日本本国の政府・民間企業の台湾経済発展への協力を取り付ける場であった。

　　熱帯産業調査会は、台湾博覧会会期中に同じ台北で、日本本国から拓務省の次官と拓務局長および殖産局長、農林省・逓信省・商工省・外務省の各局長、日本鉱業や石原産業など民間企業代表を招いて開催したものである。台湾の産業や貿易そして観光を議論し、どのようにすれば台湾を主体とした南進、すなわち台湾の組織や人材が（日本本国の政府や企業から将棋の駒のように利用されるのでなく）中心となって華南や東南アジアへ経済進出できるのかを議論する場であった(14)。そして調査会答申が元となって日本の帝国議会で台湾拓殖株式会社法が可決（昭和11（1936）年法律第43号）、会社が創設された。この台湾拓殖株式会社は創立期にあっては、答申の通り台湾を主体とした南進を主目的とするものであった。台湾博覧会の趣意書も、この熱帯産業調査会の方針と同じく、統治40年間における殖産興業の進歩を誇った後、

> 台湾は南支、南洋に対する帝国発展の策源地にして、産業上に於て或は貿易上に於て、極めて重大なる地位にあるのみならず国際観光地としての要所たるを失はず、……（中略）……博覧会を開催し、台湾の文化竝に産業進展の現勢を内外に紹介すると共に、各地諸般の資料を網羅開陳して以て本島将来の発展に資せんとす……（後略）(15)

として、台湾が対華南や対東南アジアへの日本の拠点であって、日本の産業や貿易において重要な地位にあり、かつ国際観光地でもあると表明している。

　　台湾博覧会の具体的な姿はどうであったろうか。主会場である第一会場と第二会場はともに台北市の城内と呼ばれた中心部に設置された。第一会場は新築の台北市公会堂に加えて幹線道路を封鎖して会場とし、第二会場は既存の台北市公園を会場とした。もともとはこの2つの主会場に、市北部の山岳温泉地である草山の分館だけを置くものであったが、台湾人有力者たちから市街地北部の台湾人居住地である大稲埕にも会場を設置する要望が起こり、台湾の南進を主要テーマとする大稲埕分場も追加された。そのため会場が台北市内に散らばる形となった(16)。

　　展示は第一会場に、交通土木館、産業館、林業館、第一府県館、第二府県館、興業館、満洲館、交通特設館、福岡館、朝鮮館、日本製鉄館、三井館、

鉱山館、糖業館が設置された。開会式や閉会式などを行った儀式大会場も第一会場の台北市公会堂内に設置された。第二会場には、第一文化施設館、第二文化施設館、国防館、愛知名古屋館、北海道館、大阪館、船舶館、京都館、電気館、東京館、奈良館、専売館が設置された他、迎賓館、演芸館、映画館、音楽堂、子供の国、水族館、海女実演館など娯楽施設が設置された。大稲埕分場には南方館、シャム館、フィリピン館、福建省特産物紹介所、馬産館、演芸館が設置された。草山分館には観光館が置かれた。

　博覧会の展示で強調されたのは、第一会場においては40年間の統治による経済発展の姿であった。交通土木館は1908年に全通した台湾縦貫鉄道を始めとする台湾の陸海の交通建設を誇るとともに、1935年4月に台湾中部で発生した大地震を題材として震災に強い近代都市とはどのようなものかを示したものである。糖業館は台湾最大の産業である糖業の発展を披露していた。他にも産業館はパイナップルやバナナといった台湾の果実生産の発展を、林業館は台湾林業の発展を、鉱山館は台湾北部の金鉱の発展を、興業館は台湾工業の発展をそれぞれ示していた。満洲館と福岡館と朝鮮館はそれぞれ、台湾から航路や空路で連絡される重要地点の姿を展示するものであった。

　第二会場の展示は日本各道府県からの出展とともに、第一・第二の文化施設館において日本がいかに40年間にわたって台湾を教化して来たかを示していた。例えば、第一文化施設館では入り口から「芝山巌学堂」「初等教育の発展」「師範学校の展開」「実業教育の現況」「中学校教育の展望」「高等女学校教育の展望」「大学、高等、専門教育」「私立学校及特殊教育一覧」「教科書の編修」「学校体育衛生の全貌」の順に展示を行い、1895年に芝山巌学堂で始まった総督府の教育措置の変遷を示していた[17]。

　大稲埕分場は、台湾南進のテーマに沿った展示である。馬産館は異質だが、観客の台湾人に対し馬を生産する重要性を説明する展示である。総督府殖産局は台湾農村で使役されていた30万頭の水牛を馬に替え、有事には軍馬として利用する計画を立てていた。草山分館の観光館は、温泉好きな日本人観光客の誘致を狙ったものである。

　博覧会開会中は前述の熱帯産業調査会以外にも、大日本米穀会第28回大

図1　台湾博覧会のポスター2種（出典：前掲、程佳恵『台湾史上第一大博覧会』132頁）

会、満洲・朝鮮・台湾対抗野球大会、全国初等教育者大会、日本鉱業大会など島外から参加者を招いた催しが開催された。島内限りの催しも多かった[18]。何何デーと称する博覧会の特別行事日も、国防デー、茶業デー、台日（台湾日日新報）デー、馬匹デー、満洲国デー、カメラデー、台中農産物廉売デー、愛知名古屋デー、北海道デー、奈良デー、北海道館謝恩デー、京都デー、割引デーと開催された[19]。

　台湾博覧会には延べ275万8895人が入場した[20]。これは当時の台湾の総人口520万人の半分を超えていた。観客は島内だけでなく島外からも来訪した。接遇を要する人物も多く、中華民国からの来訪者で博覧会が応接したのは800人に上った[21]。最も注目に値する人物は、福建省政府主席の陳儀であった（1934年1月～1941年8月に在任）。当時すでに1931年の満洲事変後で日中関係は悪化していたが、台湾は福建省との交流を保持していた。台湾博覧会でも、南方館に「福州の風物」「厦門の風物」という展示コーナーがあって、福建省政府建設庁から送られてきた物を展示し[22]、福建省特

産物紹介所でも福建の漆器、木画、仏像、陶磁器を陳列していた[23]。また博覧会に先立つ1934年11月には福建省から省政府建設庁長を団長とする台湾考察団が派遣され、1935年7月には福建省閩侯県長の一行が日本視察の途中で台湾を視察した[24]。陳儀の台湾視察は、このような交流状況で行われたものであった。陳儀は台湾に到着した1935年10月22日、新聞記者に向かって「日本人が福建省において農産、鉱産、あらゆる工業などに対し資本を投じ事業を起さんとする、いはゆる産業経済施設については、大なる歓迎とあらゆる便宜を計らんとするものである」[25]と、福建への投資を呼びかけていた。陳儀の視察以降も福建省から台湾視察が続き、1937年には『台湾考察報告』と題して、台湾を福建省経済建設のモデルとみなす報告書が出ていた。これは台湾博覧会が誇った統治40周年の「成果」を、福建側もある程度は承認したと考えるべきであろう。

おわりに

本章は台湾の展覧会の始まりと、台湾博覧会を概観した。日本統治時代の台湾は経済発展を続けた。それは茶業のような台湾人の独自活動が維持できた分野を除き[26]、流行るも流行らないも日本本国次第であったという現実は直視しなければならないが、数字的には否定できない。その経済発展に展覧会での刺激が、若干は貢献したと考えるべきであろう。もちろん展覧会は単に経済を刺激するだけでなく、台湾社会にも日本資本主義に随伴する日本の文化生活や観光産業をもたらし、資本主義の産業連関以外でも日本本国と植民地とを結びつける絆の一つとなっていったと見るべきであろう。

一方、台湾博覧会は単に統治40周年の「成果」を誇示するだけでなく、台湾拓殖株式会社の設立とあいまって、植民地台湾に新たな展望をもたらしそうに見えた。福建省との交流も少しずつではあるが進んだ。しかしながら1937年に始まった日中戦争は、その展望を歪めることとなった。福建省との交流も断絶せざるを得ず、台湾拓殖株式会社も日本海軍の海南島占領統治を支援するなど、当初の目的とは違う方向へと進んでいった[26]。

　そして台湾博覧会第一会場の中心施設だった台北市公会堂は、日本の敗戦に際して重要な舞台となった。台湾軍（日本陸軍第十方面軍）司令官で台湾総督でもあった安東利吉が、陳儀率いる台湾省行政長官公署を相手に、降伏と接収のための書類に署名した会場となったのである。陳儀が台湾接収の代表者になったのは、国民党上層部の中で、最も台湾を知っていたというのが理由であった。公会堂は、中山堂という名称で今も台北市内に残っている。

（ 1 ）　日本統治時代の台湾では助長行政と称して、警察官が農業指導や統計事務など種々の一般行政に関与していた。詳細は、台湾総督府警務局編『台湾総督府警察沿革史』第 3 巻、同局、1938 年、616-625 頁参照。

（ 2 ）　公式記録は、始政四十周年記念台湾博覧会編『始政四十周年記念台湾博覧会誌』同会、1939 年である。2012 年に国書刊行会から復刻版が刊行された。

（ 3 ）　堀和生編著『東アジア資本主義史論 II』ミネルヴァ書房、2008 年、115-137 頁。

（ 4 ）　風響社、2008 年。第 5 章「台湾における植民地展覧会」、第 6 章「台湾博覧会、植民地は今花盛り」が本章に関係する箇所である。

（ 5 ）　台北・遠流出版、2004 年。本書はカラー印刷を多く使い、博覧会のパンフレットや彩色写真（白黒写真に色を加筆したもの）の色彩を読者に伝えている。

（ 6 ）　台北・麥田出版、2005 年（2011 年、第 2 版）。本書は台湾での博覧会だけでなく、島外の博覧会に台湾総督府がどのように参加したかについても議論している。

（ 7 ）　林少猫が戦死するとともに総督府は公式の軍事行動を停止させた。その後も漢族による抗日蜂起は 1915 年の西来庵事件まで続くが小規模なものに止まり、1915 年以降は言論による抗日運動へと変化する。詳しくは、若林正丈『台湾抗日運動史研究　増補版』研文出版、2001 年を参照。

（ 8 ）　台湾中南部の嘉義地方を事例とした会社設立の実態は、やまだあつし「明治期台湾における糖業殖産興業政策——嘉義地方の小製糖業の実践と挫折を中心に——」『現代中国』第 68 号、現代中国学会、1994 年 7 月を参照されたい。

（ 9 ）　彰銀六十年史編集委員会『彰化商業銀行六十年史』台中・彰化商業銀行、1967 年。

（10）　蕃薯藔庁牛畜組合聯合共進会については、「蕃薯藔廳牛畜組合聯合共進會狀

況顛末報告ノ件」『台湾総督府公文類纂』第 4683 冊、第 28 号、1905 年、に依る。引用文もこの報告からの引用である。

(11) これら展覧会について同時代の台湾人がどう思っていたかは、日本人や日本語の介在しない文献が少ないため不明な点が多い。ただ例外的に漢文で日記を残した張麗俊の日記『水竹居主人日記』には、展覧会やその常設版である物産陳列館の展示について「奇異華麗なものは今まで見たことがない」等の肯定的な評価をしている。注（3）拙稿の 132 頁以降を参照されたい。

(12) 始政二十周年台湾勧業共進会については、台湾勧業共進会編『台湾勧業共進会記念写真帳』同会、1916 年や、台湾勧業共進会協賛会編『台湾勧業共進会案内』同協賛会、1916 年が参考になる。

(13) これら台湾総督府が 1930 年代に催した会議については、近藤正己『総力戦と台湾――日本植民地崩壊の研究――』刀水書房、1996 年、100 頁に整理されている。

(14) 台湾総督府編『熱帯産業調査会答申書』同府、1935 年。

(15) 前掲、始政四十周年記念台湾博覧会編『始政四十周年記念台湾博覧会誌』1－2 頁。原文は漢字カタカナ。

(16) 同上、67－69 頁。

(17) 同上、340－343 頁。

(18) 同上、673－704 頁。

(19) 同上、705－712 頁。

(20) 同上、561－563 頁。

(21) 同上、605 頁。

(22) 同上、362 頁。

(23) 同上、368 頁。

(24) 前掲、近藤正己『総力戦と台湾 ―日本植民地崩壊の研究―』93 頁。

(25) 『大阪毎日新聞（台湾版）』1935 年 10 月 24 日。

(26) 日本統治時代の台湾茶業については、河原林直人『近代アジアと台湾――台湾茶業の歴史的展開――』世界思想社、2003 年が詳しい。

(27) ノンフィクション小説という形をとっているが、三日月直之『台湾拓殖会社とその時代―― 1936-1946 ――』葦書房、1993 年は台湾拓殖株式会社を知るのに有益である。

トピックス：台北に建った名古屋城

　台湾総督府は、島外の各種展覧会、博覧会に参加していた。その中でも重要と認識した展覧会では台湾館と名づけた単独館による展示を行っていた。台湾館の外観は専ら華南風を採用し、会場では常に目立つ存在であった。最初に華南風外観の台湾館を建てたのは、1903 年の第 5 回内国勧業博覧会であった。第 7 章の名古屋汎太平洋平和博覧会の台湾館も華南風だった。

　では、台湾博覧会で特異な外観を誇ったのは何であろうか。大稲埕分場にあったシャム館、フィリピン館、福建省特産物紹介所は当該地方風で建築されていた。また第二会場の奈良館は、正面に奈良大仏の模型を飾っていた。とはいえ筆頭に挙げたいのは、名古屋城を模した五層楼閣を建てた愛知名古屋館であった。

　愛知名古屋館の館内は外観と全く異なり、名古屋城や愛知の景観を宣伝するのではなく、愛知名古屋の商品を展示し即売も行う施設であった。共同展示を含め 82 の展示場があった。成績は、

　　開館以来、晴雨拘らず観覧者殺到し、閉会に至る迄日夜多数の入場者があつたので、即売、売約共非常に好成績を収め、開会後二十日を出でずして即売品の如き皆無と為り、追加出品を為すが如き売行旺盛を極め、閉会に至るまでには、非売品を除くの外各種の出品物は殆ど売り尽した（始政四十周年記念台湾博覧会編『始政四十周年記念台湾博覧会誌』、同会、1939 年、393 頁）。

というように好調で、15,000 円を売り上げた。これは専売館 39,290 円 89 銭、京都館 17,073 円に次ぎ会場内第 3 位であった。今日同様、経済重視の愛知名古屋の姿を見るようである。

図2　台湾博覧会の愛知名古屋館（出典：前掲、程佳恵『台湾史上第一大博覧会』125頁）

第6章 台湾中が楽しんだ
「台北国際花卉博覧会（台北花博）」

山 田 美 香

はじめに

　2010年の台北国際花卉博覧会は、台北花博（花博と称す）と呼ばれ、花と
台湾の美しさが表現された場所として大変な人気を得た。中華民国交通部観
光局ホームページには、2010年11月6日に開幕、2011年4月25日に閉
幕し、171日の期間に、のべ896万3,666人が観覧し、多様なテーマで、

（2023年9月2日筆者撮影。写真はすべて2023年現在の状況）

台湾農業における園芸と環境保護に関わる展覧会や活動を行ったと書いてある[1]。入園者の多くは台湾人であり、「ほぼ900万人近くの入園者は台湾人口の約40％相当」と、多くの台湾人の気持ちを奮い立たせる魅力ある博覧会といえた。「国外からの参観者はのべ585,327人で、参観者全体の6.53％」[2]であるなど、海外からの旅行客も多かった。

花博の目的は4つある。まず、台湾の国際化、「花卉・観光・レストラン・生物技術など関連産業の発展」である[3]。大きな国際博覧会であることから、海外・国内で台湾の花卉産業を理解してもらい、花卉産業の発展に伴いそれ以外の産業にもプラスに働くことが考えられた。第二に、「花卉農家のことを考え、花卉産業を発展させる」ことである。花博期間中に絶えず植栽が行われ、台北という大都市を「花園」化する計画にも多くの植栽が必要であった。花博をきっかけに花卉農家を支えることが望まれた。花博で花卉や農業特産品を販売する場所を提供することを含め、園芸関係者はより多くの産品を売り出すことができた[4]。第三に、花博を機に、台湾各地の観光を盛んにすることである。「花博を集客センターとして、各県市政府が一緒に全台湾の著名な花卉産地のテーマ旅行日程を推進し、関連して周辺の特色ある景観地域など、1日・2日・3日旅行など各旅行モデルが選択できるよう提供した」[5]という。花博とセットで台湾旅行を楽しめるプランも立てられた。第四に、「『県市週』の活動で、花博に来て、全国各県市の特色をビジネスとすること」[6]ができるように、台湾全土の経済を活発にするための工夫があった。ここから分かるように、花博によって、これまでとは異なる新たな理念に基づく経済活動の幕開けとなったといえる。

花博の特徴は、農糧署の饒美菊・曾麗珍が書いているように、「計画・設計・思考・展覧・運営の最初から最後まで、みな台湾人が自ら行い完成した完全な MIT (Made in Taiwan)」を目指したことである。また、すべての園区での計画は、「炭素削減及び 3R：Reduce (減量)、Reuse (再利用)、Recycle (回収) 及び 3G；Green Building (環境に優しい建築)、Green Energy (再生エネルギー)、Green Transportation (環境に優しい交通機関)」[7]を前提としたものであった。つまり、台湾人による環境政策を花博で実施するものといえた。饒美菊・曾麗珍は、「『園芸』『科学技術』『環境保護』を運用することが設計

の理念となり、台湾の『花卉園芸の実力』『文化芸術の特色』『環境生態への関わり』『先端科学技術の成就』等を融合させ特色ある美しい展覧ができた」[8]と記している。花が咲き誇る美しい花博である以上、環境保護を考え新たな科学技術を利用し、園芸のすばらしさを示すこと、人々がそれを楽しみつつ台湾社会の将来を考えるものとなったのである。

　花博の期間は、まさに台湾建国 100 周年の年であり、花博が建国行事の中心的活動となった。「中央各省庁と各県市政府が絶えず支持するほか、産業界の専門的な人たちや 264 企業が参加し協力した。さらに重要なのは国内の花卉農家、100 近くの花卉園芸団体、3 万人の心が熱く優しいボランティア、文化的な上演をする人たち」がいるなど、多様な人が花博の発展を願い自ら動いたことである[9]。

　開幕前後には、各国との外交が行われた。2010 年 10 月 31 日、台北・松山空港と東京・羽田空港に開航した飛行機で、元首相の安倍晋三が台北を訪れた[10]。花博は、松山空港から大変近い場所であり「10 分に 1 回飛行機が離着陸する」ことから、花博中、無償で「飛行機の DIY 制作」が行なわれるほどであった[11]。

　当時の馬英九総統は、花博の外賓であるベリーズ総督、ツバル総督、ガンビア共和国副総統、ソロモン諸島副総理、チェコ前総理などとも接見した[12]。花博を通じての交流、さらに台湾農業と関連産業の発展が見込まれた。

　先行研究には、花博の政治的背景、参観客の意識などの研究がある[13]。花博の施策と花卉業界の成果については、葉嘉楠・邊魯興（2013）が「政策與行銷成效評估之研究—以 2010 臺北市國際花卉博覽會為例」において論じている[14]。そこで、本稿では、改めて台北花博を紹介しつつ、10 数年経った今、当時の新聞や花博関連の資料を使って、台湾にとっての花博の意味は何であったのかを論じたい。

1. 花博のために

　台湾は植生が豊かであり土地に根差した産業の発展のため、これまで何度も花卉博覧会が行われてきた。2005 年 1 月 6 日から 4 月 18 日まで台北県（当時）八里海岸で、17 のテーマ園区（蘭、香草、薬草、有毒植物、爬虫館など）で台北花卉博覧会が行われ、珍しい動物なども展示された[15]。

　花博開催の契機は、財団法人台湾区花卉発展協会が 1971 年に成立し、2003 年に国際園芸生産者協会（AIPH）の会員となり、2006 年馬英九が台北市長として AIPH の春季会議で「2010 台北国際花卉博覧会」を申請したことによる。国際博覧会の申請には、国際展覧局（BIE）か AIPH のどちらかの認証を受ける必要があるという[16]が、2006 年 9 月 AIPH 秋季年会がなくなり、投票の結果、11 月に正式な開催の通知があった[17]。饒美菊・曾麗珍は、「1948 年成立の AIPH によって、今に至るまでオランダのアムステルダム、ドイツのミュンヘン、日本の大阪と静岡、タイのチェンマイ、韓国のアンミョンド、中国の昆明など国際的に重要な都市が、花博を行う権利を得た。2006 年台北市政府と財団法人花卉発展協会が中国の西安と中東のドバイとの競争で抜け出して、『2010 台北国際花卉博覧会』を行うことになった」と説明している[18]。

　台北花博は、A2／B1 級の国際園芸博覧会で、「A 類は、各国代表が参加する国際的な園芸博覧会で、B 類は国際性を備えた国内園芸博覧会である。博覧会を行う時間・規模等によって 4 つの級に分かれる」[19]というが、実際は A1 級と同じ世界的規模のものとなった[20]。国際博覧会として花博を行うにはその方向性や運営上発生する課題などを考えるのに時間が必要であるが、2010 年 11 月の開幕まで 4 年足らずであった。時間が足らず土地や予算で揉め、190 億元で淡水の関渡平原の土地を借りるはずが地主との交渉がうまくいかず、圓山地区で実施されることになった[21]。関渡平原は、台湾らしい素晴らしい自然が残る場所であるが、「地主が約 2 万人近くいることから、それぞれの権利もわずかなもので、加えて地目が『農業区』で、現在は多種の水稲が植えられている状況」[22]にあり、開催に向けての準備に手

間をかけることができなかった。圓山地区は、基隆河、松山空港、そして基隆河の向こう岸に有名な圓山大飯店があり、独特の景色が広がるところである。

　2006年、関渡平原で実施する場合の提案が募集された際、ある会社では、展示計画の概念として、「自然と人類の共生関係」を強調し[23]、展示の内容としては、テーマ館、花卉展示区、自然公園、サービス施設などを示した[24]。予算については、2004年彰化花卉博覧会・2005年台湾花卉博覧会・2005年日本の愛・地球博、2006年宜蘭緑色博覧会のチケットの値段から、予想する参観者のべ数・チケットの収入総額が出された[25]。その際、のべ500万人が来場すると[26]、「運営費用（土地を含まず）は47億元の予定」で、「政府が190億元で土地を借り出し」、「予定される営業収入は、あらゆる運営費用の85％程度で、政府による補助15％で公共部門の経費支出を減少させる」[27]と、税による負担も考慮に入れたうえでの開催案が出された。最終的に、圓山地区の公有地を使うことになったので用地借用は必要でなくなり、経費は建築費用の54.07億元の計画とされた[28]。

　しかし、2010年台北花博の開催には、市会議員から経済的な問題について多くの批判がなされた[29]。台湾で初めての国際的な大型博覧会となるものの、同年に行われる上海世界博覧会との競争も激しいため、ビジネスとして積極的な活動をする必要がある切羽詰まった状況にあったためである[30]。2009年5月には、台北花博は630万人の観光客、そして100億元の商機をもたらし、さらに台湾の花卉産業の国際的な地位が上昇し利益が22％増加するとも計算された[31]。関連して、2009年11月、21県市と交流協力を行う式典において、当時の台北市長郝龍斌は、花博はのべ800万人が参観する予定で国内経済効果は約168億元となり、台北だけでなく全台湾の経済・観光の利益とすることができると述べている[32]。しかし、花博開催直前の2010年10月、高雄のホテルでは予約率が高くなったものの、上海の世界博覧会や台湾5都市の選挙でキャンセルも増え、花博が行われると南台湾の旅行客も減ると心配する声もあった[33]。

　このような状況のなかで、中国との対岸関係の発展も目指し、台北市長が何度も中国で花博を宣伝するなどの努力が見られた。2008年段階では、宣

伝経費が4億元（約12億円）に達するにもかかわらず、海外の参加国が目標15か国であるが4か国にすぎないこと、工程の進捗状況や予算の問題など大きな課題が見られた[34]。そのため、市長は、例えば、2009年4月、中国蘇州の「彩船節」に参加し、「台北花博号」で宣伝活動を行った[35]。また、2012年に「両岸都市芸術節」が実施されることから、「上海文化週」[36]を行った。中国大陸以外にも、東京の「世界旅行博覧会」において花博の精霊たちが宣伝し[37]、香港でも説明が行われるなど、周辺国・地域に花博の存在をアピールするのに懸命であった[38]。

2. 開幕とその後

　花博開幕直前、台北市民は51％が花博に好感を持ち、46％が1回は訪れたい、57％が花博は成功すると考え、台北の発展にも影響を与えると考える者が6割であった[39]。それだけ花博への期待は大きいものであった。

　『Taipei 臺北市年鑑 2010』には、2010年11月6日、花火が大変美しい花びらを咲かせたなかで開幕したと書いてある[40]。台湾を代表する芸能関係者が花博をアピールし、歌手の伍佰は、誰もが覚えやすく、子どもでも口ずさみやすい楽しい調子の歌《妳是我的花朵》を提供した。花博会場への無料バス、地下鉄、水上観光道路があり、水陸両用車によって自然を楽しみながら花博に向うことができる[41]工夫が見られた。2005年愛・地球博で有名になった日本の「万博おばさん」山田外美代さんも訪れ、台湾で歓迎された[42]。

　開幕からわずか数日の11月10日までに、13万人を突破するほどの参観客となったが[43]、参観者ののべ1割強が学校参観によるもので、「正規の教育課程を犠牲にして、子どもたちが本来学ぶべき権利を奪っている」とも言われた[44]。教育機関から花博に来るのは台湾人だけでなく、2011年1月には、台北市長が上海世界博覧会を訪問した際にチケット800枚を送ったことで、上海からもやって来た[45]。

　盛況のなか、開幕22日で正式参観者がのべ100万人を突破し[46]、2011

年2月25日、参観者がのべ500万人を超え、伍百の歌で盛り上がるなど、台湾全土が花博をイベントとして楽しんだ[47]。

3.　花博とお金

　2009年10月1日からチケットを販売された。チケットの値段は1日券300元で、当時の日本円で1,000円程度である。「1日チケットはもともと300元だが、2009年10月1日から第一段階の電子チケットは33％割引されて200元であり、花博チケットサイト・年代チケットサイト・コンビニの萊爾富・OK便利商店で簡単に買える」[48]と、チケットは多くの割引もあり購入しやすかった。

　割引チケットには次のものがあった。学生・妊婦・低所得層の人は200元、65歳以上は150元、午後1時以降入場の午後券200元、午後5時以降入場の夜間券150元、3日券は600元、通期パスは2,500元、10人以上の団体券が180元、記念券が3,300元（12券分）である[49]。チケットが不要なのは、「6歳以下あるいは115センチ未満の児童で、保護者がチケットを購入し一緒に来る者、心身障碍者とその一緒に来る必要がある者1名、集団参観で交通部観光局が認証したガイド、各学校の校外学習で一緒に来た教師2名、本府が認証したボランティア栄誉カードを持っている者、2009年台北聴覚オリンピック運動会の半券を持っている者、そのほか免除規定に身分が合う者」[50]である。ありとあらゆる人が花博に行くことができる環境を作ったのである。

　最終的に、花博の経済効果は、「430.68億元（政府・民間企業の投資に対する利益が135.91億元、営業利益が176.78億元、これらの利益に派生する産業関連効果が117.99億元、政府と民間企業が投資した経費に対して花博を行った純利益は294.77億元）」[51]（当時、1元を3倍にすると日本円に相当）で、多くの利益がもたらされた。

（流行館：2023 年 9 月 2 日撮影）

（名人館：2023 年 9 月 2 日撮影）

（争艶館：2023 年 9 月 2 日撮影）

4．それぞれの園区におけるテーマ館

　花博は、圓山園区・美術園区・新生園区・大佳河浜公園区の４つに分かれたが、同じ地域でまとまっており、移動はそれほど難しくない。それぞれ特色あるテーマに即したテーマ館が設立され、展示や活動を楽しむことができた。科学技術を運用して写真や音だけでなく、スマホでそれぞれを理解することも可能であった[52]。

・圓山園区
　圓山園区は、「『幸福、健康及び展覧』を形作る」園区であり、台北駅から地下鉄淡水信義線で７-８分ほどの圓山駅前に広がる敷地をいう[53]。「多様

な展覧会がある争艶館、環境保護の時流に関わる流行館」があり、「広い圓山広場で各産業の展覧・販売活動を行う」など、さらなる産業発展のきっかけのための工夫が見られた[54]。さらに、「争艶館の傍には、食べ物や買い物サービスを提供するレストランや楽しめる商城、親子が遊んで休憩するのに適した中山親子館がある」など、すべての年代の人が同時に過ごせる環境を作りだした[55]。「多様で豊富な芸術舞台を見てもらえる街頭芸人楽園」もあり、歩いているだけで刺激がある場所といえた[56]。

　花博の展示館は、各企業によって建設がなされ、遠東集団は 1.5 億元（約4.5 億円）で「流行館」設立を支援した[57]。100 万本以上のペットボトルを回収し、竹と鋼骨で作られた箱舟を模した流行館[58]は、外側が近くで見るとペットボトルが積み重なって構築されていることが明らかである。展示が始まってすぐに、「152 万のペットボトルで作られた」箱舟に、「開幕を祝うため、遠東集団に当初ペットボトルを寄付した民衆が招待された」とい

（故事館：2023 年 9 月 2 日撮影）

う[59]。

・美術園区

　美術園区は、圓山園区からは道路を隔てたすぐ近くの場所にあり、「『文化、芸術、恋愛』を構築する」園区であった。「音楽の舞踏表現を提供する舞蝶館があり、原住民文化を推進保存し、レジャーを楽しめる原住民風味館は、人文的な芸術および緑色の景観やレジャーの時間を楽しむ環境を提供する」と紹介された（台湾政府が原住民という文言を使用している）[60]。原住民地域は、台湾で自然豊かなところにあり、その土地に根差した自然の在り方を見せると同時に、原住民芸術の美しさを感じることができるところであった。

・新生園区

　新生園区は、科学技術・環境保護を中心とした園区である。美術園区隣の国防部憲兵指揮部の向かいに広がっている。「『文創・科学技術・環境保護教育』を打ち出す新生園区」のなかの「展覧館は、ダイアモンド級の素晴らしい建築で、創造的な特色と台湾科学技術産業を結合させた夢想館、また台湾の植物生態を温室に入れた生態教育を備える未来館を計画した。ほかに、芸術美学の生活化を展示した天使生活館等がある」[61]など興味深い場所であった。

　「新生公園区の夢想館・未来館・天使生活館の『新生三館』は、三館一体で設計されたグリーン建築物で、『自然と人類がともにある』のが最大の建築特色であり、代替エネルギーを運用し、もともとある老樹をとどめ、台湾で尊ぶべきグリーン建築物となった」[62]という。この新生三館については、「設計上、もとの資源と環境を合わせて計画し、樹木の景観と合わせて、できるだけいかなる1本の木も地球のために呼吸する樹木として犠牲にせず、台北市のなかで最も目立たない生態建築とした」とされた[63]。建物の作り方いかんをとっても自然が中心で、人間が作る建物は自然の中に溶け込むことが考えられた。

　このため、夢想館は、「人々が予約券を取るために長い列を並び、午前10

**（夢想館：真ん中は夢想館の渡り廊下で、その床はペットボトルである。
右端は植物の屋根。2023年9月2日撮影）**

時半に予約券を得ても夜の7時半にやっと入場できるほど凄まじい人気で
あった」[64]という。

・各テーマ館
　2010台北国際花卉博覽會『Taipei臺北市年鑑2010』[65]では、各テーマ館

表1　台北花博の各テーマ館

圓山公園区	流行館	ゼロ炭素の環境保護建築で、152万のペットボトルを回収後にペットボトルレンガを作った。世界で初めての「炭素中和」建築といえる。毎晩外壁ではLEDライトがPETボトルレンガを透かすようにしている。
	争艶館	「花の芸術の競争」として16主題で特別展示をしており、1,000種の珍しい蘭をみることができる。
	真相館	花博展示区で唯一の大スクリーンがある劇場で、3D動画の「台湾の環境が対峙している真相」を放映し、八八水災（2009年8月の水害）を素材に台湾の人と環境の関係を顧みるものである。
	文化館	台湾本土の伝統芸術およびお祝いの雰囲気のなかの民俗工芸、遊芸、紙芸、香芸等の芸術作品を展示している。
	名人館	アジアのスターであるテレサ・テンの一生を楽しめるテーマ館であり、生い立ちの故事や作品を展示している。同時に、その時代の有名人に熱く花卉について語ってもらい、現場で盆栽や挿花芸術の展示解説を行った。
美術公園区	舞蝶館	「花舞 蝶飛 緑生活」をテーマに、半開放的な空間の展示館で、演出をする広場が設置され、開幕・閉幕式及び国際的な大型文化芸術活動に提供される。

	風味館	「花品飄香」がテーマの展示で、外観は新しいが、台湾の工芸成果を展示するだけでなく、花博記念品販売の中心で、素晴らしい花卉商品の販売もしており、花卉商品の主要な販売場所でもある。
	美術館	「美しさと霊感」をテーマとする展示で、花博の自然環境・地球・環境の問題・人文・直観的な色彩・東方を主軸として展開し、期間中は世界的に有名な画家に絵を描いてもらい展覧し、国内外の美術家・芸術家・各学校学生が講演・検討会に参加し、花卉美学に関わる作品を展示した。
	故事館	100年前の台湾で最も流行した生活の景色を表現した。旅行客を民国11（1922）年の四大富豪の秘密の花園という夢のような場所に連れて行くものである。
新生公園区	生活館	「芸術の生活化」を主軸として、台湾高山の流水と花卉の絶えず変化する状況を映像と音で示す。
	未來館	コンピュータ管理された温室では、温度や湿度を細やかにコントロールすることで平地から高山、寒帯から熱帯等の緯度を超えて地形的な植物生態を独特かつ世界的な台湾を代表する植物によって展示している。
	夢想館	台湾の最先端科学技術のデジタルインタラクションを展示した展示館である。工業研究院最新の研究開発の重点的な技術と芸術家ジミーの創意をあわせ、参加者は今までなかった声を出すこと・触れることでコントロールする感覚を体験する。
	養生館	「養生氧生」「百齡花瑞」を主題とし、薬草や樹齢100年の盆景を展示し、台湾の盆景産業の文化的寛容や特殊造形技術を展示した。
	花茶殿	歴史がある閩南式四合院・林安泰古厝において、「花茶美食」をテーマに芸術文化演出を行う場所である。
大佳河浜公園区	行動ドーム	「希望噴水」の東側にあり、少ない電力・エネルギー節約・炭素減少の効果を出す。なかには劇場設備や観客席がある。
	生態劇場	戸外での演出を提供し、各フェスティバルや夜間の花火・音楽とイルミネーションなどが行われる。

出典：『Taipei 臺北市年鑑 2010』、臺北市政府產業發展局（2011）『2010 臺北國際花卉博覽會全紀錄』（臺北市政府、p.119）を引用し、筆者がまとめた。

の説明が掲載されている。その文章を引用しつつ簡潔にまとめ、下記に紹介
したい。

5.　花を見せる

『2010臺北國際花卉博覽會全紀錄』（2011）には、各園区の植栽の状況に
ついて紹介がある。圓山公園の争艶館では、室内の展示館で展示が17回行
われ、各国のその分野で力量がある人が園芸植栽をした[66]。圓山公園区の
戸外の展示場では、立体的な花の壁・花の海・果樹園区・上海や西安の庭園
などがあり、新生公園区でも庭園や花園があり、それが美術園区の光と影の
森につながり、さらには大佳河浜公園区の緑の道に連なるなど4つの園区
が一つとなるものであった[67]。

　これだけの植栽を行うためには、「四つの園区で約2,700種・4,500品
種、2,400万株の植栽を使用」するが、「それらは生命ある個体であり、生
長の周期があり、それぞれが異なる特性がある」[68]ため、花を演出する側は
絶えず困難に見舞われた。「異なる戸外の展示場でそれぞれの植栽をするこ
とで、6か月もの花博期間中、最も美しく健康的・多様でテーマの特色に最
も合った表現を人々の前に示さないといけない」ため、想像を絶する関連業
務や資源の調整が考慮されたのである[69]。

　花卉の契約は、「本府の各責任者が、景観等の工程を行う会社にすべてを
お願いし、全国各地の花卉農業関係者と協力してサインをした。間接的な契
約の協力モデルによって、花卉農家の権益と展覧期間に花卉植栽の供給を順
調に確保することができた」ようである[70]。

　2009年5月から2010年4月の間、「花卉植栽は、現況の環境・気候・
土壌条件で生長の状況が影響されるため、事前に展示のときの成功率や開花
率を高めるため」[71]、模擬的に種を植えて実験的に状況を調整している。海
外からの花卉については、税関・検疫をできるだけ早く済ますよう配慮
し[72]、ヒアリの防止も行った[73]。植栽の維持・管理は大変重要であるとは
いえ、困難を極めたことが分かる。

　運営前に、「花が咲く時期が比較的短い花卉は、展示時期に植替え、それぞれの区で4-6期の異なる植栽計画を作」り[74]、植替えは、「閉園後の夜11時半から次の朝7時半まで進められ、昼の作業を避け、人々が鑑賞しづらくないよう、また景観の美しさを壊さないようにした」[75]という苦労もあった。作業以外に、巡視人員やボランティア、関連会社が順に閉園前後に巡視するなど、花を維持するための努力も相当なものであった。

　花博に関わった会社は、閉幕後、花博を総括するなかで、「我々の産業は、今回のような大量の需要増加が必ずあるわけではないので、このような活動が全台湾人の園芸に関する教育、かつこの方面への習慣や興味を養成することができた」など、花博の業界への影響についてはプラスに評価した[76]。しかしながら、花博以降、業界がどこまで発展するのかは、花卉農家や関連労働者を養う[77]ことが重視されるべきで、花卉産業独特の課題も大きいと述べている。

　花博に関わる学術検討会では、「国内の『宣伝はテレビが中心』で、台北地区と非台北地区では、『時間、距離など不可抗力な要素、まだ花博の内容が明確ではない点、活動が公費浪費である理由』がある」ため、「台北以外の地区で花博に行く者が少なく盛り上げることができなかった」とし、多様な媒体で台北地区以外の旅行客を増やす必要を書いている[78]。ほかにも、「メディアの分析のなかで、参観客が宣伝期間のなかで環境保護・生態等の活動の意義を理解できたのかというと、体験のなかで環境保護や科学技術館の建築が印象に残っているか、特に台湾人が友好的である印象が残っているという。花卉園芸と文化芸術のテーマにおいて、花博の利益あるいは参観客の活動への態度だけでなく、テーマの成功がそこに示されたと見ることは難しい」[79]と、博覧会の意義はそれほど評価されなかった。その点、博覧会が、環境保護と文化芸術にどこまで影響を与えるのか、改めて考えるべき課題といえる。

6. 閉幕後の花博

　花博など博覧会の跡地は、地域の人に必要な場所としてその地域ならではの発展をする。日本の場合、1990 年「国際花と緑の博覧会」が行われた大阪市鶴見緑地公園は、花博記念公園鶴見緑地となり、現在も美しい花が咲き誇る公園である。花博記念公園鶴見緑地の HP を見ると、マルシェ、パフォーマンス、ワークショップ、夏の夜間のナイトピクニックなど様々な催しがあるため、多くの人を呼んでいることが分かる。スポーツ・バーベキュー・キャンプ・乗馬ができる場所も備えられているため、多様な人が訪れる場所となっている。子ども向けの施設もあり、「子どもの森、つるみっこパーク」は、「3 歳〜12 歳向けの複合遊具」「インクルーシブ遊具」「大型遊具ジャイアントドーム」など新しいタイプの遊具が設置されている[80]。台北市の関係者にも、2000 年の淡路花博、2004 年の浜名湖花博、2005 年の愛・地球博の跡地が継続して公園として利用されたことが理解されている[81]。

　台湾においても花博に対する市民の愛着の強さを受けて、財団法人台北市会展産業発展基金会がその後も公園として運営することになった。花博がいかに台湾にとって大きな意味を持ち、その後も地域活性化に活用されるようになったかが分かる。財団法人台北市会展産業発展基金会は、「台北市政府が、2011 年 1,000 万元を寄付して基金とし、かつ花博公園を持続的に運営活用するために、本会を推進、産業発展を考えた」[82]ことから、台北市が中心の基金会といえる。

　将来的にどのように花博の施設を使うのがよいのか議論があり、2011 年 4 月 25 日閉幕当日に、台北市公運処一般運輸科科長が「児童育楽センターと遊覧船は営業を継続する」と発表した。「児童育楽センターは 5 月 1 日の花博感謝週終了後 5 月 3 日に正式に対外的に開放する」ことになった[83]。また、「2 か月の休園ののち 7 月 1 日に対外的に開放される」ことになり、「水域に属する大佳河浜公園区はもとの公園に復元する以外は『台北花博記念公園』として発展させる」[84]ことになった。2023 年現在、記念公園として多くの人が集まる場所となっているが、テーマ館の施設が残っているもの

表2　各テーマ館等の利用方法

園区	テーマ館等	利用の提案	運営単位の提案。（　）のなかは、花博開催中の運営指導単位	現状
圓山公園区	流行館	展覧センターで、定期的に大型の展覧会を行い、政府や民間組織に貸し出す	産業発展局（訴願審議委員会）	○（2027年に解体予定）
	争艶館	利用方法は書かれていない	（地政処）	○（2027年に解体予定）
	真相館	テーマ映画館	児童育楽センター（教育局）	○原住民族文化創生基地（予定）
	文化館	民俗文化の展示	児童育楽センター（文化局）	○
	名人館	文物の展示	児童育楽センター（都発局）	○
美術公園区	舞蝶館	芸術文化活動	産業発展局（公務人員訓練処）	×解体
	風味館	原住民文化のビジネス推進	原住民委員会（原住民事務委員会）	○旧児童育楽センターに移設。解体
	美術館	美術館の管理に戻す	台北市美術館（文化局）	○
	故事館	故事館の管理に戻す	文化局（文化局）	○
新生公園区	天使生活館	美術を主題とする展示館	天使美術館が継続して9年運営（社会処）	○
	未來館	台湾のあらゆる植物の展示館	農業委員会と協力して農業展覧会を作る（労工局）	○上海世界博覧会台湾館の展示
	夢想館	もとの展覧内容を維持し、科学技術の展示の用とする	財政局（財政局）	○
	花茶殿	利用方法は書かれていない	（客家事務委員会）	○
	養生館	もともとの用途に戻す	公園処（環境保護局）	○（公園管理所）

公園区 大佳河浜	行動ドーム	もとの河浜公園に戻す	水利処（兵役処）	×
	生態劇場	もとの河浜公園に戻す	水利処（翡翠水庫管理局）	×

出典：林晏州［及其他3人］計畫主持；林寶秀協同計畫主持；國立臺灣大學執行『「2010 臺北國際花卉博覽會」景觀效益調查與評估暨舉辦國際學術研討會委託服務案』民國 100 年 6 月、p. 369。臺北市政府產業發展局『2010 臺北國際花卉博覽會全紀錄』臺北市政府、2011 年 12 月、p. 62。聯合報第 B1 版、2019 年 12 月 29 日。
https://zh.wikipedia.org/zh-hant/%E8%8A%B1%E5%8D%9A%E5%85%AC%E5%9C%92　2023 年 9 月 3 日最終閲覧日。
出典をもとに、筆者が表を作成した。現状も利用されているテーマ館は、右端の欄に○をつけた。

は複数ある。元の施設として活用されたほか、再開発の対象となった施設もある。

　閉幕後、専門家（林晏州および他3人）は、今後必要な概念として、「建物と土地を有効的に再利用、その土地の就業機会を創造、区域の発展、民衆の憩いの場の多様な選択の提供、観光収入の新たに獲得」など[85]を述べている。表2が、林晏州らの各園区における利用方法の提案である。

　2011 年 5 月 20 日、大佳河浜公園は自転車道を広くして、公園のトイレ・軽食の地区はそのまま用いることになった[86]。閉幕後も、さらに施設の開放が行われた。

　新生園区では、「台北花博期間中に人が並んだ夢想館と未来館は 8 月 1 日からもとの状況で開放」し、「夢想館 100 元、未来館 50 元の入場料で、優待チケットでは 3 割引きとなる。世界博覧会台北館は 10 月から開放予定である」とした[87]。夢想館・未来館がセットで 115 元、未来館・台北館がセットで 75 元であった[88]。これら入場料については、その後変更された。

　また、2011 年 8 月 16 日から、「圓山園区の爭艷館を展覧館として、そのそばにテーマ商店街や戸外での飲食ができる『花博美食商城』を計画し」、営業を始めた[89]。現在でも、爭艷館は展覧館として絶えずイベントを行っており、2013 年 6 月、「MAJI 集食行楽」という食べ物・買い物スペース等も作られた[90]。2012 年から圓山園区に、台北市政府が、毎週土曜日に、「良質な農産物を消費者に届ける産地直売」をコンセプトに掲げた「台北花博ファーマーズマーケット」を設立した[91]。「トレーサビリティー（生産履

歴）が明記されている農産物を消費者に直接提供するとともに、小規模農家生産者を支援しながら『暮らしの食と農業の共生関係』の実現を目指す」(92)という今後の食と農業の在り方を大きく変える取り組みを行っている。

　2019年12月、新聞に、「台北花博の四大テーマ館の風味館・舞蝶館・争艶館・流行館は将来すべて取り壊すことにした。台北市立美術館は2021年拡充工事を始める」と掲載された(93)。2023年現在、美術館の拡充工事が行われている。ペットボトルで作られた流行館は今なお存在し、争艶館は様々な活動に活用されているが、2027年に取り壊される予定である。風味館は場所を移設されたが、舞蝶館はすでに壊されている。

　台北花博以後、2018年、台中国際花卉博覧会（2018台中フローラ世界博覧会）が行われた。台中市政府観光旅遊局によれば、2018年11月3日から2019年4月24日、「花でGNP（Green, Nature and People）を表す」というテーマで、これまでのGNPが目指すものとは異なる「Rediscover GNP: Green, Nature and People」による博覧会となった(94)。その後、2020年旧正月に台湾ランタンフェスティバルが、台中花博で用いられた「后里森林園区」において実施され、多くの人が訪れた(95)。花博は、台湾の多様な風土に合った博覧会であったため、様々な楽しみ方ができたのである。

おわりに

　台北花博とは何であったのだろうか。台湾人にとって大きな博覧会として、「台湾らしさ」を存分に発揮できたものであったといえる。博覧会であるため、その土地の産業を発展させるために必要な資源を活用し、次なる台湾の産業構造を変えるために行われたといえるが、一番の収穫は、「花」に対する台湾人の意識が変化したことだと思われる。台湾の土地にある「花」を誇りとする意識が高まり、台湾人自身が台湾を理解するきっかけとなった。花博は、特に花に関わる人たちの仕事ぶりや生き生きとした多様な花を見ることができ、「生物とは何か」「生物と人のそれぞれの役割」「世界で起こっている環境問題」を、花を介して議論できる博覧会であった。花博にお

ける花や自然は、そのあるがままの姿を示したものではなく、あくまで人が美しく作り上げたものである。しかし、単に美しい花を見せるだけではなく、台湾の土地から生み出された自然を思い、日々の生活を顧みる環境がそこに創り出されたといえる。

(1)　中華民國交通部觀光局　https://www.taiwan.net.tw/m1.aspx?sNo=0001090&id=A12-00140　2023 年 8 月 1 日最終閲覧日。農糧署饒美菊・曾麗珍（2011）「創意台灣 花現台灣軟實力—2010 台北國際花卉博覽會辦理成果」『農政與農情』100 年 5 月（第 227 期）　農業部　https://www.moa.gov.tw/ws.php?id=23392　2023 年 8 月 1 日最終閲覧日。

(2)　同上。

(3)　臺北市政府產業發展局「2010 臺北國際花卉博覽會」
https://www.taipeiecon.taipei/article_cont.aspx?MmmID=1201&MSid=654256526376137402　2023 年 8 月 27 日最終閲覧日。PDF ファイルで資料を見ることができる。

(4)　同上。

(5)　同上。

(6)　同上。

(7)　農糧署饒美菊・曾麗珍（2011）、註 1 前掲。

(8)　同上。

(9)　台北駐日経済文化代表処 HP　https://roc-taiwan.org/jp_ja/post/1878.html
2023 年 9 月 3 日最終閲覧日。

(10)　聯合晚報第 A3 版、2010 年 10 月 31 日。

(11)　中國時報第 C2 版、2010 年 12 月 2 日。

(12)　中華民国総統府・新聞與活動・總統接見「2010 台北國際花卉博覽會」與會外賓、中華民國 99（2010）年 11 月 06 日。https://www.president.gov.tw/NEWS/14831　2023 年 8 月 27 日最終閲覧日。

(13)　車成緯・李青松「從臺北花博探討活動外溢效果、政治參與對城市意象之影響」『管理與系統』22 卷 3 期、2015 年 7 月、pp. 249-272。吳思瑤「美麗的代價—從台北花博看郝龍斌的治理能力」『新社會政策』12 期、2010 年 10 月、pp. 2-4。陳惠美・劉喜臨「大型活動之城市意象塑造與城市行銷—遊客對 2010 臺北國際花卉博覽會知覺效益之研究」『造園景觀學報』19 卷 2 期、2013 年 6 月、pp. 39-62。車成緯・李青松・陳玫蓉「以大型活動探討城市意象、活動吸引力對參與意願之影響」Journal of Data Analysis、6

卷 3 期、2011 年 6 月、pp. 31-50。佘佳慧・陳建雄「臺灣文博會參觀族群之研究」『工業設計 134 期』2016 年 6 月、pp. 25-30。

(14) 葉嘉楠・邊魯興「政策與行銷成效評估之研究—以 2010 臺北市國際花卉博覽會為例」『中華行政學報』12 期、2013 年 6 月、pp. 147-169。

(15) 中國時報第 C5 版、2004 年 12 月 /14 日。聯合報第 F1 版、2005 年 1 月 6 日。

(16) 農糧署饒美菊・曾麗珍 (2011)、註 1 前揭。

(17) 臺北市政府產業發展局『2010 臺北國際花卉博覽會全紀錄』臺北市政府、2011 年 12 月、p. 33。

(18) 農糧署饒美菊・曾麗珍 (2011)、註 1 前揭。

(19) 同上、p. 33。

(20) 同上、p. 38。

(21) 同上、p. 34。

(22) https://news.ltn.com.tw/news/politics/breakingnews/4394592　2023 年 8 月 30 日最終閱覽日。

(23) 力譔堂整合行銷股份有限公司編 (2006)『2010/11 臺北國際花卉博覽會初期規劃案 (95 年度) 服務建議書』、p. 5。

(24) 同上、pp. 5-24。

(25) 同上、pp. 91-94。

(26) 同上、p. 94

(27) 同上、p. 100。

(28) 臺北市政府產業發展局 (2011)、註 17 前揭、p. 42。

(29) 聯合晚報第 A10 版、2008 年 5 月 5 日。

(30) 經濟日報第 A7 版、2008 年 5 月 25 日。

(31) 工商時報第 A13 版、2009 年 5 月 12 日。

(32) 聯合晚報第 A8 版、2009 年 11 月 2 日。

(33) 工商時報第 A16 版、2010 年 10 月 12 日。

(34) 聯合報第 C1 版、2008 年 9 月 11 日。

(35) 聯合晚報第 A4 版、2009 年 4 月 23 日。

(36) 中國時報第 A10 版、2009 年 9 月 16 日。

(37) 聯合報第 B2 版、2009 年 9 月 19 日。

(38) 聯合晚報第 A5 版、2009 年 12 月 13 日。

(39) 中國時報第 A3 版、2010 年 11 月 6 日。

(40) 「2010 臺北國際花卉博覽會　向國際『花』聲：臺北花博是『世界第一等』」、Taipei 臺北市年鑑 2010、www.ws.gov.taipei/001/Upload/public/MMO/TCG/2010yb_0a.pdf、Ⅵ、2023 年 8 月 27 日最終閱覽日。

(41)　中國時報第 A7 版、2010 年 11 月 1 日。
(42)　聯合晚報第 A4 版、2010 年 11 月 7 日。
(43)　聯合報第 A9 版、2010 年 11 月 10 日。
(44)　中國時報第 C2 版、2011 年 3 月 17 日。
(45)　聯合報第 B2 版、2011 年 1 月 26 日。
(46)　聯合報第 A18 版、2010 年 11 月 27 日。
(47)　聯合晚報第 A18 版、2011 年 2 月 25 日。
(48)　台灣花網　https://taiwanflower.org/%E3%80%8C-2010-%E8%87%BA%
　　　E5%8C%97%E5%9C%8B%E9%9A%9B%E8%8A%B1%E5%8D%89%E5%
　　　8D%9A%E8%A6%BD%E6%9C%83%E3%80%8D2010-%E5%B9%B4-11-
　　　%E6%9C%88-6-%E6%97%A5-%E6%96%BC%E8%87%BA%E5%8C%97%
　　　E5%B8%82/　2023 年 8 月 27 日最終閲覧日、中央社訊息服務 20090930
　　　11:08:25。
(49)　同上。
(50)　同上。
(51)　農糧署饒美菊・曾麗珍（2011）、註 1 前掲。
(52)　聯合晚報第 A10 版、2009 年 12 月 22 日。
(53)　註 32 前掲。
(54)　同上。
(55)　同上。
(56)　中華民國交通部觀光局　https://www.taiwan.net.tw/m1.aspx?s
　　　No=0001090&id=A12-00140　2023 年 8 月 1 日最終閲覧日。
(57)　經濟日報第 A11 版、2008 年 8 月 14 日。
(58)　中國時報第 A16 版、2008 年 8 月 15 日。經濟日報第 A12 版、2008 年 8
　　　月 15 日。
(59)　聯合報第 A12 版、2010 年 11 月 13 日。
(60)　註 56 前掲。
(61)　同上。
(62)　景點「花博新生三館亮相，探訪全臺最美麗的屋頂」2010-03-17 15:15、
　　　https://www.mook.com.tw/article/5235　2023 年 8 月 1 日最終閲覧日。
(63)　同上。
(64)　經濟日報第 D1 版、2010 年 12 月 10 日。
(65)　許麗芩「2010 臺北國際花卉博覽會　向國際『花』聲：臺北花博是『世界第
　　　一等』」、Taipei 臺北市年鑑 2010、www-ws.gov.taipei/001/Upload/public/
　　　MMO/TCG/2010yb_0a.pdf、2023 年 8 月 27 日最終閲覧日。
(66)　臺北市政府產業發展局（2011）、註 17 前掲、p. 244。
(67)　同上。

(68)　同上。

(69)　同上。

(70)　同上、p. 245。

(71)　同上、p. 246。

(72)　同上、p. 247。

(73)　同上、pp. 250-251。

(74)　同上、p. 263。

(75)　同上。

(76)　林晏州［及其他 3 人］計畫主持；林寶秀協同計畫主持；國立臺灣大學執行『「2010 臺北國際花卉博覽會」景觀效益調查與評估暨舉辦國際學術研討會委託服務案』民國 100（2011）年 6 月、p. 473。

(77)　同上、p. 474

(78)　同上、p. 219。

(79)　同上、p. 222。

(80)　花博記念公園鶴見緑地　https://www.tsurumi-ryokuchi.jp/facility.html 2023 年 8 月 26 日最終閲覧日。

(81)　林晏州他 3 人（2011）、註 76 前掲、p. 360。謝琦強・莊翰華・曾宇良・王欄蓁（「展覽空間再利用規劃—以 2010 臺北國際花卉博覽會為例」『嶺東學報』32 期、2012 年 12 月、pp. 74-75。

(82)　財團法人臺北市會展產業發展基金會 HP、https://www.expopark.taipei/cp.aspx?n=345、
更新日期：2020 年 1 月 3 日、2023 年 8 月 1 日最終閲覧日。

(83)　聯合報第 A6 版、2011 年 4 月 25 日。

(84)　農糧署饒美菊・曾麗珍（2011）、註 1 前掲。

(85)　林晏州他 3 人（2011）、註 76 前掲、pp. 367-368。溫佳身「花博真相館 華麗轉身　原住民族文化創生基地孕育中」風傳媒、2022 年 12 月 24 日 18:29 更新。https://today.line.me/tw/v2/article/NvjP538　2023 年 9 月 3 日最終閲覧日。

(86)　聯合晚報第 A10 版、2011 年 5 月 10 日。

(87)　聯合報第 B1 版、2011 年 7 月 14 日。

(88)　四方通行 https://guide.easytravel.com.tw/scenic/3232　2023 年 9 月 5 日最終閲覧日。

(89)　聯合報第 B2 版、2011 年 8 月 16 日。

(90)　臺北市政府観光伝播局　https://www.travel.taipei/ja/attraction/details/2248 2023 年 8 月 23 日最終閲覧日。

(91)　花博農民市集　https://www.expofarmersmarket.gov.taipei/about_jp.php 2023 年 8 月 1 日最終閲覧日。

(92)　同上。
(93)　聯合報第 B1 版、2019 年 12 月 29 日。
(94)　臺中市政府觀光旅遊局　https://travel.taichung.gov.tw/zh-tw/event/
　　　activitydetail/2762　2023 年 8 月 22 日最終閲覧日。
(95)　トラベル JP　https://www.travel.co.jp/guide/article/42826/　2023 年 8
　　　月 23 日最終閲覧日。

参考文献

殷寶寧「都市文化治理與權力地景：中山北路地景變遷與臺北花博會空間生産」『文化研究月報』120 期、2011 年 9 月、pp. 2-30。

第3部　日本の博覧会と中国

第7章 「明治・大正期の日本・台湾の博覧会と南清・南洋」

大 山 珠 枝

はじめに

　明治・大正期の日本では殖産興業政策の一環として、各地で博覧会や共進会が開催された。当時の博覧会は、内務省・農商務省等の政府や市町村、商工会議所等が主催し、多様な開催目的・機能を併せ持っていた。富国政策や地方振興策の一環としての商品見本市や出品物の競技会をはじめ、博覧会のなかには観覧者への教育や娯楽的機能を備え、国威発揚の効果を強く発揮するものもあった。日清、日露戦争後は植民地の領有により、拡大する「帝国の版図」を演出し、支配領域の異民族や特産品等を展示する博覧会が、日本国内や植民地で開催されるようになった。

　日本は、1895年に日清戦争の講和条約により台湾を領有し、ここを最初の植民地とした。山路勝彦 (2008) は、明治期以後の博覧会に植民地や征服地の先住民が見世物として展示されたことについて、こうした「野蛮人」表象の起源を1871年の牡丹社事件と3年後の台湾出兵、及びそれを題材とした明治初期の言説が社会に与えた影響にみる[1]。たしかに領有初期の台湾は、多くの日本人にとって「野蛮人」が暮らす未開の南方地域という印象であったが、同時に中国大陸や東南アジア地域との接点でもあり、こうした為政者の意識は博覧会における植民地台湾の展示に反映された。日本の対外思想を牽引した徳富蘇峰が、台湾を「南門の関鍵」と形容し、「南方に向て大日本帝国の版図を膨脹せんとせば、先づ此の門戸をくぐらざる可らざるは論を俟たず」[2]と述べたように、既に日清戦争期から台湾は日本の政府、軍部、経済界などから南進の拠点として注目されていた。

　台湾総督府の中枢においては、第2代総督の桂太郎が親清国指導者及び

台湾人の抗日運動や財政等の統治上の問題を背景として、台湾の地勢を利用した対岸の南清地方（華中・華南）と南洋[3]への政治的・経済的進出[4]を提唱し、以後その「対岸経営」理念は児玉源太郎第4代総督と後藤新平民政長官時代の台湾・南清・南洋を射程に入れた植民地経営方針へと継承された。すなわち明治期の台湾総督府は台湾統治と対岸経営を不可分のものと捉え、台湾を南清や南洋への進出拠点と位置付けていた。

　台湾が南洋に向けて積極的南進政策を展開したのは第一次世界大戦以後、安東貞美、明石元二郎総督と下村宏民政長官時代である。第一次世界大戦は、日本に輸出主導型の経済発展をもたらし、東南アジア市場にも雑貨や繊維類を中心とした輸出が行われた。日本は連合国側として参戦し、赤道以北の旧ドイツ領南洋諸島（南洋群島）を占領することで、太平洋地域における権益を拡大させた。南進論が大戦を契機としてその膨脹主義的、アジア主義的傾向を強め[5]、南方に対する国内の経済的関心が高まる中、台湾総督府は日本の南進における主導機関のひとつであった。

　こうした台湾総督府の統治主義や対岸経営、そして大正期の南進論への展開は、当然ながら総督府が主催する博覧会にも直接的に反映された。第5回内国勧業博覧会「台湾館」や第一次世界大戦期に台北で開催された台湾勧業共進会における台湾、中国南部、東南アジア地域の出品物の展示方法は、当時の台湾総督府の南支・南洋観を象徴するものであった。本章ではこうした明治・大正期の台湾総督府による台湾表象の変遷を考察するとともに、総督府の大正期南進の実相を読み解く上で、1916年に台北市において開催された台湾勧業共進会に着目する。共進会は、台湾総督府が領台20年間の成果を示すことで、日本の南方発展の「模範」及び将来の南洋地域への経済的進出の「拠点」としての台湾の存在意義を主張するものだった。共進会はどのような計画や組織、展示内容によって開催され、それは日本の南進との関わりにおいてどのような意義を持ったのだろうか。

1. 第五回内国勧業博覧会「台湾館」

　台湾総督府はその統治及び勧業政策の一環として台湾領内にて品評会や物産展覧会等を開催するとともに、日本や海外で開催された共進会や博覧会に出品し、台湾統治の成果とその経済的価値を内外に宣伝した。領有直後の1897年には、長崎で開催された第9回九州沖縄八県連合共進会に参加し、茶や煙草、米、黄麻、白糖等の特産品を出品している[6]。台湾総督府は、貿易上の関わりの深い九州地方や西日本の港湾都市における博覧会をはじめ、1900年のパリ万博や1902年のハノイ万博にも出品した。その展示方法が画期を迎えるのは、1903年に大阪府で開催された第五回内国勧業博覧会における史上初の植民地パビリオン「台湾館」であった。「台湾館」は、1907年の東京勧業博覧会、1912年の拓殖博覧会と翌年の明治記念拓殖博覧会などでも設置された。それは朝鮮や樺太、関東州といった植民地及び北海道の名前を冠したパビリオンの先駆となる画期的なものであった。

　「台湾館」は、第五回内国勧業博覧会を主催する農商務省の要請を受けた台湾総督府が建設し主催したパビリオン[7]で、台北城小南門（重熙門）を模した楼門を入口とし、陳列館、喫茶店、売店、飲食店、そして台湾から移築された篤慶堂や舞楽堂といった閩南風意匠の建築物[8]により構成され、その様相は「博覧会中の小博覧会」、「小台湾」などと評された[9]。陳列館には、台湾の特産品である米、茶、砂糖、樟脳、煙草、木材、鉱石、食塩など、農業・林業・水産業・鉱業・化学工業等といった各産業部門の特産物が並んだ。楼門を入って左手には、清国福建省洋務局が出品した陶磁器漆器類などの特産物が陳列された。さらに篤慶堂では、漢族系台湾住民や台湾先住民の風俗や習慣をマネキンや写真、物品の展示を通じて紹介した[10]。

　台湾館について当時の後藤新平民政長官は「台湾の面目を公衆の前に呈露して新領土の真相を世人に紹介し他面に於ては特殊の光彩を放ち萬目を集中して博覧会裡の一偉観たる」[11]と述べた。台湾館が同博覧会において台湾の風俗の紹介とともに中国文化との密接さをアピールし、「特殊の光彩」を演出したのは何故だろうか。檜山幸夫（2001）は、台湾館にみられる「異国

風・異文化・異民族の地台湾」[12]というイメージについて、これを「台湾総督府は、新領土＝日本化＝同化という図式ではなく、新領土＝異国＝異民族という異域主義を統治の基本に据えていた」[13]ことの反映であるとする。阿部純一郎（2011）は、こうした議論をふまえ、「台湾の植民地経営を支える人材や資本を誘致すべく本国の〈台湾＝異域〉イメージを刷新しようとする動きと、「特別統治主義」や「南進論」を背景に〈台湾＝異域〉イメージを維持しようとする動きとの緊張」[14]に台湾館のひとつの特徴を見出した。

　台湾館で演出された異域性は、中国大陸と東南アジアの間に位置する台湾の地理的特徴を強調するものであった。同博覧会においては、人類館事件や台湾館内に福建省洋務局の出品物の一部が展示された問題を巡り、日中間に軋轢が生じた。福建省出品物の事件では、最終的に児玉総督が博覧会関係者と協議の上、清国政府の意向に沿って福建省出品物を四川省の出陳所に移動させた[15]。このような展示は、台湾と福建省の通商関係の紹介にとどまらず、南清地方への経済的進出の拠点としての台湾の存在感をアピールするものであった。

　こうした明治期の博覧会に現出した台湾の異域性は、明治末から大正初期にかけての南方地域に対する経済的関心の高まりの中で、植民地台湾を拠点とした南方発展のイメージとして進化を遂げた。

2. 台湾勧業共進会

開催の趣旨

　台湾勧業共進会は、台湾総督府の始政20周年記念行事として、1916年4月10日から5月15日まで台北の台湾総督府及び総督府林業試験場にて開催された。『台湾日日新報』は開催前より共進会を連日報道し、これを「大規模の世界的南洋博覧会として未曽有の盛観を呈す」[16]と触れ込んだ。出品した国や地域は、台湾、内地、北海道、樺太、朝鮮、満州の各植民地、中国、香港、フランス領インドシナ、タイ、イギリス領インド・マレー半島・海峡植民地・北ボルネオ、オランダ領ジャワ・スマトラ、フィリピン等

と報じられ、参考品を含む出品総点数は 6 万点以上であった[17]。共進会は内地人、台湾人、外国人を合わせて 809,830 人の参観者を動員し[18]、台湾総督府の社会教育事業として空前の規模であった。

　共進会の計画は佐久間左馬太総督と内田嘉吉民政長官時代に立案され、その開催期間の終了時は安東貞美総督と下村宏民政長官の任期であった。1915 年 7 月、総督府民政部殖産局内に台湾勧業共進会事務所が設置され、共進会の事務を管轄した[19]。共進会会長には内田（後に下村）総督府民政長官、事務部長は総督府殖産局長の高田元治郎、工務部長は総督府土木局長の角源泉が就任し、総督府や台北庁の事務官や技師等が事務委員を務めた[20]。共進会の計画が具体化した同年 8 月、内田民政長官は共進会の趣旨を次のように説明した。

(1) 台湾ノ産業及経済事情ヲ中外ニ公示スルコト
(2) 台湾人ニ帝国本土及殖民地ノ産業情態ヲ周知セシムルコト
(3) 内地人及ヒ台湾人ニ南支那南洋各方面ノ産業及ヒ経済事情ヲ研究セシムルコト
(4) 南支那及ヒ南洋各方面ノ人士ニ台湾及ヒ我カ帝国ノ本土並ニ各殖民地ノ産業及ヒ経済事情ヲ観覧セシムルコト[21]

　以上を達成することで、台湾と内地（帝国本土）の事情を周知し、台湾産業の発展に寄与するとともに、日本の南方発展を促し、台湾を「事実上帝国本土ト南方各地トノ間ニ於ケル交通貿易ノ策源地タラシメントスル」[22]ことが最終目的とされた。

　共進会は、「対台湾人」、「対内地人」に向けて異なる目的をもっていた。「対台湾人」の主要目的に、統治政策の一環としての「教化」と「勧業」が挙げられる。1915 年 7 月、台湾先住民の抗日武装闘争に対する武力討伐事業である「五年理蕃計画」は、安東貞美総督下での「蕃務本署」の廃止により正式に終焉した。総督府は武力討伐による先住民統治政策を転換するも、同年 8 月には西来庵事件が発生し、この事件の責任をとる形で内田は民政長官を辞した。後任の下村は、西来庵事件を起こした噍吧哖付近の住民は近

距離の台南府さえ知らなかったとして[23]、会場の台湾総督府庁舎等の諸施設や台北市街や周辺の鉄道、水道、電気、下水、道路、港湾、通信、衛生といった近代的様相、さらには各地から集められた物産を観察させることを通じて総督府の威容を示し、人々の「知識を啓発」[24]することを重視した。さらに糖業や茶業などを担った台湾人資本に対する産業奨励や、茶や樟脳などの山地産業の開発において不可欠とされた先住民の労働力の動員[25]など、共進会は総督府の勧業政策としての要素を持っていた。

次に「対内地人」では、第一に人材や資本の渡台が期待された。中国本土では義和団事件や辛亥革命が起こり、政情不安の中で日本の対中国貿易が縮小した[26]。内田民政長官は邦人が台湾を根拠として中国南部に進出すること、さらには日本と東南アジアの通商貿易の発展や工業原料等を栽培する日系企業の進出といった「南方発展」が日本の経済にもたらす意義を強調した[27]。共進会では中国南部や東南アジア各地の天産物、農産物、商品などの陳列を通じて内地人の「利用厚生ノ観念ヲ奮起」[28]し、熱帯地域での農業その他の事業のあり方について「熱帯地経営ニ幾多ノ経験ヲ有スル我カ台湾ニシテ進ンテ之レカ模範ヲ示シ南方発展ノ政策ニ率先スル」[29]ことが重視された。

台湾勧業共進会協賛会と内地人の台湾・南洋訪問

台湾勧業共進会協賛会は1915年に官民の有志により組織された。同会は、開催期間中の参観者の交通等の便宜、来賓の接待、案内書や記念絵葉書の配布等の宣伝活動、売店や飲食店、余興活動の企画運営など、共進会の成功に必要な事業を担った[30]。協賛会会長は台湾銀行頭取の櫻井鐵太郎、副会長に同副頭取の中川小十郎と台北庁長の加福豊次が就任し、役員には台湾銀行の他に三十四銀行、商工銀行、台湾劇場会社、三井物産会社、三井合名会社、台湾日日新報社などの重鎮が就任した。さらに協賛会に一定額以上の寄付をした会員は4,707名にのぼり、名誉会員として台湾銀行、台湾製糖会社、明治製糖会社、三井合名会社、三井物産会社、日本郵船会社、大阪商船会社、鈴木商店などの法人寄付者が名を連ねた[31]。

共進会は、台湾総督府が南支那南洋施設費により事業補助を行った台湾銀

行などの銀行、企業、協会等と協賛会を通じて深い結びつきにあった。その
ひとつである南洋協会台湾支部の発会式は、同協会の内田嘉吉副会頭の意向
により共進会の会期中に開かれ、支部長下村宏、支部副長櫻井鐵太郎（台湾
銀行）、幹事長中川友次郎（総督府財務局長）他、幹事や評議員等の役員が決議
された[32]。同支部は、南洋に関する講演会や語学講習会及び南洋に関する
調査報告の成果をまとめた「南洋叢書」などの図書刊行といった活動を展開
し、大正期以後の南洋研究に大きな影響を与えた。

　共進会の会期中には日本赤十字社、愛国婦人会、東洋協会などの総会が開
かれたため、閑院宮夫妻、後藤新平夫妻、樺山資紀、新渡戸稲造、竹越与三
郎など政界・経済界・文化界の重鎮が来台し、これらの来賓者の接待を協賛
会が担った。また全国でも参考品出品数が多かった大阪、鹿児島、名古屋で
共進会は特に大きな評判を呼び、地方長官・官吏や実業団が渡台した[33]。
新渡戸稲造や浮田郷次前バタビア大使は、会期中に出発した大阪商船会社主
催の南洋観光団にも参加した。南洋観光団は、台湾総督府が補助した命令航
路「基隆南洋間定期航路」の初航として実施され、高雄を出発し、マニラ、
サンボアンガ、サンダカン、メナド、マカッサ、スラバヤ、スマラン、バタ
ビア、シンガポール、香港、汕頭、廈門を視察し、基隆に帰着した。観光団
の参加募集は先着順で、その参加者は 61 名にのぼり、記者や学者、財界
人、貿易商の他、独力で南洋への渡航が困難であった中小企業の事業家など
にも南洋視察の機会を与えた[34]。

展示内容

　次に共進会の会場や展示内容についてみていく。展覧会場は台北市街の中
心部にある新築中の台湾総督府庁舎（及び附属会場として図書館）を第一会場と
し、そこから約 700 メートルを隔てて、台北南新街にある総督府林業試験
場を第二会場とした。

　出品部門は、教育、学術、衛生／美術工芸／農業、園芸、畜産、蚕糸業／
林業及狩猟／水産／飲食品／鉱業／工業／機械及機関／土木、建築、交通／
蕃俗と 11 部門に分かれ、総点数 26,443 点[35]、出品人数 20,281 人であっ
た。さらに参考品は総点数 23,069 点、出品人数 3,051 人に及んだ[36]。

130

会場毎にその展示内容をまとめると、次の通りである（[表1]）。

表1　台湾勧業共進会の出品内容

第一会場 （台湾総督府庁舎、図書館）	10,237 坪	・台湾総督府庁舎…台湾の各種生産物（1・2階）、内地各府県・朝鮮・満州・樺太からの出品（3階）、台湾各官庁からの参考出品（4階）。
第二会場 （台湾総督府の林業試験場）	52,387 坪	・支那及南洋館…福州、上海、漢口、厦門、広東、香港、シンガポール、フランス領インドシナ、ボルネオ、タイ、ビルマ、フィリピン、ジャワ等の生産物、生活具、風俗に関する品や写真等。 ・機械館…各種原動機、発電機、電気諸器具、工作、製造染織の各機械、工場の設計、模型等。 ・蕃俗館…台湾先住民各部族の衣食住や生活状態を示す各種製作品、模型、農産物等。 ・園芸蔬菜館…園芸植物や蔗園等。 ・その他、家畜舎、特設陳列館、迎賓館、演舞場、各種売店、飲食店等。

出典：『台湾勧業共進会案内』1-3頁／「竢攻せんとする共進会会場」『台湾日日新報』1916年3月29日／蒼海漁郎「海の博覧会と台湾共進会」『新日本』第6巻5号、新日本社、1916年5月より作成。

　台湾総督府庁舎での展示は、日本帝国及び総督府の威容と台湾の農産その他の生産物の豊富さを演出する陳列方法であった。展示の順路を辿れば、まず庁舎の大玄関には、台湾征討近衛師団長として出征し台南で戦病死した北白川宮能久親王像が来館者を迎えた。会場を進むと、1階には濃青色の布を張った各種陳列台に穀菽、蚕けん、繊維、茶、砂糖それぞれの各庁出品物が玻璃瓶や飾り棚等を用いて規則正しく並列され、台湾の生産物の豊富さを演出していた。さらに台湾統治の成果を示す政府関係の資料、模型、統計図表などが観覧できた[37]。台湾の六大産業であった砂糖、米、金、石炭、茶、樟脳の生産量は過去15年間で倍増しており、こうした台湾の経済事情を紹介すること[38]、それにより内外の資本家の関心を惹くことが重視された[39]。

　第二会場の林業試験場内には熱帯地方の植物が茂り、熱帯の雰囲気の中に各館が建っていた。広壮な外観であった「支那及南洋館」は、ビルマやボルネオ辺りの農舎の生活を施した壁画等の内部装飾や、館の裏手に特設された

「フィリピン農舎」でも人目を惹いた。この農舎は、台湾の各部族の日常生活を家屋や物品陳列、そして先住民の収容という人間の展示によって再現した「蕃俗館」と同じ方法で、フィリピンの現地住民の生活や同地の産業を紹介した[40]。「支那及南洋館」の出品地域と出品例は、[表 2] の通りである。

表 2　南支・南洋の参考品出品

地域	出品点数	出品人数	出品例
中国 （福州・上海・漢口・厦門・広東）	749	117	繭草、窯類、茶、煙草、生糸、絵具
香港	111	11	生糸、木竹材
フランス領インドシナ（サイゴン）	78	7	精穀、種苗、薬草、絹糸
シンガポール	51	14	ゴム
タイ（バンコク）	18	1	木竹材、金属、植物繊維
イギリス領インド（ビルマ）	33	1	赤蝋、白蝋
ジャワ	428	15	肉桂皮、茶、ザラメ糖、アルコール、ゴム
ボルネオ（イギリス領北ボルネオ）	46	2	竹材、木材、林産物、燕の巣
新南洋	12	1	―
計	1,526	169	

出典：「内容充実せる共進会の出品」1916 年 3 月 13 日、「南進の指針　充実せる南洋館」3 月 29 日、「台湾勧業共進会　出品総数」4 月 12 日、『台湾日日新報』より作成。
注）（）内は主な出品地域を指す／「新南洋」とは「南洋新占領地」（南洋群島）の別称と考えられるが、具体的な出品物は不明である。

　「支那及南洋館」には、各地の「帝国名誉領事」による出品の他、南方地域の日本事業家からの出品が含まれていた[41]。日本事業家の東南アジア地域への投資は第一次世界大戦期に急増しており、その代表例にイギリス領マラヤからオランダ領スマトラ、イギリス領北ボルネオ、オランダ領ボルネオ、サラワク、タイなどへ拡大したゴム栽培やフィリピンにおけるマニラ麻

栽培、そしてオランダ領東インドのジャワにおける甘蔗、ゴム、茶、珈琲などの多角的栽培事業などが挙げられる[42]。［表2］にみる参考品の出品点数は、中国、香港、そして包種茶の輸出先として第一位を占めたジャワなど、台湾と貿易上密接な関係を築いた地域がより多い傾向にあったといえよう[43]。

おわりに

　本稿では、1903年の第五回内国勧業博覧会「台湾館」と1916年の台湾勧業共進会に焦点をあてたが、台湾総督府が演出した台湾の表象は、この13年間で次のような変化をみせた。すなわち「台湾館」では、パビリオンの中国風建築や福建省出品物の展示によって台湾と中国との文化的・経済的関係性が強調される傾向にあった。一方で、大正期の台湾勧業共進会では総督府庁舎及びその附属施設を会場としてそこに南国風の演出を加えることで熱帯地域に属する「帝国」の「南門」としての台湾の位置づけを強調している。そこにおいて中国南部と台湾は一体視されることなく、「支那及南洋館」において東南アジアを含む南方地域全体の中で中国の影響力は相対的である。こうした変化の背景には、日本統治下での台湾の開発と産業発展、そして第一次世界大戦期に特に高まった南方地域に対する経済的関心に対して台湾の存在意義をアピールするねらいがあった。

　それでは日本帝国の南進において、この共進会はどのような意義をもったのだろうか。大正期台湾の外国貿易は、第一次世界大戦の影響が顕著であった1916年から1920年にかけて、その規模を急拡大し[44]、その主な貿易相手国は中国、北米、香港、オランダ領東インドであった。国別の動向では、輸出入ともに中国は1916–1920年において常に第一位を占めた。オランダ領東インドは、1918年以後輸入相手国として急成長し、翌年には北米を抜いて第二位となる[45]。尚、台湾の対内地貿易総額もまた1916年以後、特に増額傾向となった[46]。

　共進会はこのように台湾の貿易が急拡大を迎える時期に開催され、出品事

業を通じて中国や東南アジア各地の産業や日系事業家と、台湾及び内地の事
業家や貿易商等を結びつける役割を果たした。台湾勧業共進会協賛会の中心
であった台湾銀行は、台湾総督府の「南支那南洋施設費」による助成のもと
で台湾貿易の決済機関、さらには南支南洋貿易の主な金融機関として、
1916 年以後ジャワのスラバヤやスマラン、バタビア、タイのバンコクなど
に出張所や支店を次々と開設した[47]。また台湾製糖、明治製糖、三井財閥
などはオランダ領東インドにおいて事業投資を活発化させ、日系企業の南方
進出が加速していった[48]。こうした点において、台湾を日本の南方発展の
「模範」とし、日本の経済的南方進出を促すという共進の目的は遂行され
たといえよう。

(1)　　山路、43 頁。
(2)　　徳富猪一郎「台湾占領の意見書」『台湾遊記』、民友社、1929 年、182 頁
　　　　引用。
(3)　　台湾総督府の「南洋」という地理概念は、狭義には今日の東南アジア地域
　　　　を指すが、広義にはインド、オーストラリア、ニュージーランド、太平洋
　　　　諸島、華南一帯を含む場合がある。中村、217 頁。
(4)　　徳富猪一郎編『公爵桂太郎伝 乾巻』、故桂公爵記念事業会、1917 年、712 頁。
(5)　　清水、19 頁。
(6)　　『九州沖縄八県聯合共進会事務報告 第 9 回』、長崎県、1897 年、248-254 頁。
(7)　　松下・石田 (2010)、464 頁。
(8)　　松下・石田 (2011)、1695 頁。
(9)　　『第五回内国勧業博覧会要覧 上巻』、第五回内国勧業博覧会要覧編纂所、
　　　　1903 年、268 頁。
(10)　『第五回内国勧業博覧会事務報告 上巻』、農商務省、1904 年、361 頁。
(11)　伊能嘉矩『台湾館』月出皓編、第五回内国勧業博覧会台湾協賛会、1903
　　　　年、序文。
(12)　檜山、682 頁引用。
(13)　同上。
(14)　阿部、17 頁引用。
(15)　「福建省出品の陳列変更」『大阪毎日新聞』、1903 年 3 月 24 日。
(16)　「開期愈々切迫せる台湾勧業共進会」『台湾日日新報』、1916 年 3 月 3 日引
　　　　用。

(17)　「異彩を放つ可き共進会の内容」『台湾日日新報』1916 年 3 月 3 日。

(18)　「噫哀れ共進会の跡」『台湾日日新報』、1916 年 5 月 16 日。

(19)　「台湾総督府告示第 87 号」大蔵省印刷局編『官報』第 900 号、日本マイクロ写真、1915 年 8 月 2 日。

(20)　「共進会記念号記事」台湾時報発行所編『台湾時報』第 79 号、台湾時報発行所、1916 年、7 頁。

(21)　「台湾勧業共進会開催趣旨」JACAR:Ref.C08020673200、大正 4 年「台湾勧業共進会 (1)」公文備考・86 巻・物件 9（防衛省防衛研究所）、728-729 頁引用。

(22)　同上、729 頁引用。

(23)　下村宏「共進会ニ就テ」『台湾統治ニ関スル所見』、1915 年。

(24)　「台湾勧業共進会に於て　下村宏談：台湾総督府民政長官」『大阪毎日新聞』1916 年 4 月 9 日、引用。

(25)　「台湾の経営を如何にす可きか」『実業の世界』第 13 巻 10 号、大正五年五月十五日号、実業之世界社、1916 年、97-98 頁。

(26)　廣瀬吉雄「清国事変と我邦貿易との關係」『統計集誌』第 234 号、東京統計協会、1900 年、391-394 頁。

(27)　「台湾勧業共進会開催趣旨」JACAR:Ref.C08020673200、大正 4 年「台湾勧業共進会 (1)」公文備考・86 巻・物件 9（防衛省防衛研究所）、725-727 頁。

(28)　同上、728 頁引用。

(29)　同上、727 頁引用。

(30)　台湾勧業共進会協賛会編『台湾勧業共進会協賛会報告書』、台湾勧業共進会協賛会、1916 年、6 頁。

(31)　同上書、93-96 頁。

(32)　南洋協会『南洋協会二十年史』、南洋協会、1935 年、328-332 頁。

(33)　「共進会と大阪」1916 年 3 月 7 日、「共進会当時内外の観客雲集せん」3 月 23 日、『台湾日日新報』。

(34)　「共進会記念号記事」台湾時報発行所編『台湾時報』第 79 号、台湾時報発行所、1916 年、14-15 頁、51-54 頁。

(35)　内訳は、教育、学術、衛生 442 点／美術工芸 176 点／農業、園芸、畜産、蚕糸業 16,407 点／林業及狩猟 1,136 点／水産 609 点／飲食品 3,425 点／鉱業 203 点／工業 3,807 点／機械及機関 77 点／土木、建築、交通 40 点／蓄俗 121 点である。「台湾勧業共進会　出品総数」『台湾日日新報』、1916 年 4 月 12 日。

(36)　同上。

(37)　「台湾勧業共進会　第一会場順路」1916 年 3 月 18 日、「台湾勧業共進会

第一会場近況」3 月 27 日、『台湾日日新報』。

(38)　「台湾勧業共進会開催趣旨」JACAR:Ref.C08020673200、大正 4 年「台湾勧業共進会（1）」公文備考・86 巻・物件 9（防衛省防衛研究所）、723 頁。

(39)　「発展せる台湾の六大産業」『台湾日日新報』、1916 年 3 月 13 日。

(40)　「南進の指針　充実せる南洋館」『台湾日日新報』、1916 年 3 月 29 日。

(41)　同上。

(42)　柴田、6-7 頁。

(43)　「内容充実せる共進会の出品」『台湾日日新報』、1916 年 3 月 13 日。

(44)　輸出額と輸入額を合わせた外国貿易の総額は、1916 年の 47,085 千円から 1920 年には 95,540 千円に増額した。「貿易」台湾総督府編『台湾現勢要覧』、台湾総督府、1923 年、123 頁。

(45)　「相手国別外国貿易」台湾総督府編『台湾現勢要覧』、台湾総督府、1923 年、129 頁。

(46)　内地貿易は、1913-1914 年に砂糖の減産等の影響を受けて一時的に縮小するも、1915 年以後は増加傾向となった。特に 1915 年（貿易総額 100,821 千円）-1917 年（貿易総額 173,376 千円）の増加が著しい。「貿易」台湾総督府編『台湾現勢要覧』、台湾総督府、1923 年、124 頁。

(47)　台湾銀行編『台湾銀行二十年誌』、川北幸寿、1919 年、360-364 頁。

(48)　台湾製糖株式会社東京出張所編『台湾製糖株式会社史』、台湾製糖東京出張所、1939 年、341-343 頁／DBK 参考書第五部編『三井物産会社小史』、第一物産、1951 年、148-149 頁／スマトラ興業株式会社編『スマトラ興業株式会社二十年史』、スマトラ興業、1937 年、1-4 頁。

参考文献（邦語）

阿部純一郎「博覧会における「帝国の緊張」―第五回内国勧業博覧会（1903）における内地観光事業と台湾館出展事業」椙山女学園大学文化情報学部紀要編集委員会編『椙山女学園大学文化情報学部紀要』第 11 巻、椙山女学園大学文化情報学部、2011 年

後藤乾一『近代日本と東南アジア―南進の「衝撃」と「遺産」』、岩波書店、1995 年

柴田善雅『南洋日系栽培会社の時代』、日本経済評論社、2005 年

清水元「大正初期における「南進論」の一考察―そのアジア主義的変容をめぐって」『アジア研究』第 30 巻 1 号、アジア政経学会、1983 年 4 月

中村孝志「「大正南進期」と台湾」天理南方文化研究会編『南方文化』8輯、天理南方文化研究会、1981年11月

檜山幸夫「ハノイ博覧会と台湾総督府—パンフレット『EXPOSITION DE HANOI』を中心に」中京大学社会科学研究所・中華民国台湾省文献委員会監修、中京大学社会科学研究所台湾総督府文書目録編纂委員会編『台湾総督府文書目録 第8巻』ゆまに書房、2001年

松下迪生　石田潤一郎「1903年第五回内国勧業博覧会台湾館の設置経緯について」『日本建築学会計画系論文集』第75巻648号、日本建築学会、2010年2月

松下迪生　石田潤一郎「1903年第五回内国勧業博覧会台湾館計画における移築建物について」『日本建築学会計画系論文集』第76巻667号、日本建築学会、2011年9月

松田京子『帝国の視線—博覧会と異文化表象』、吉川弘文館、2003年

谷ヶ城秀吉「南進論の所在と植民地台湾—台湾総督府と外務省の認識の相違を中心に」早稲田大学アジア太平洋研究センター，早稲田大学大学院アジア太平洋研究科出版・編集委員会編『アジア太平洋研究科論集』第7号、早稲田大学アジア太平洋研究センター、2004年3月

山路勝彦『近代日本の植民地博覧会』、風響社、2008年

矢野暢『日本の南洋史観』、中央公論社、1979年

林思敏「台湾総督府の南進政策—1910年代を中心に」『言語・地域文化研究』第9号、東京外国語大学大学院総合国際学研究科、2003年3月

「台湾勧業共進会案内」和田博文監修『コレクション・モダン都市文化』第84巻、ゆまに書房、2012年

参考文献（中国語）

呂紹理『展示臺灣：權力、空間與殖民統治的形象表述』、麥田出版、2005年

第8章　大陸の博覧会―汪精衛南京政府下の大東亜戦争博覧会―

柴　田　哲　雄

はじめに

　本章では、日本の中国大陸侵略に際して、中国人に向けての戦争プロパガンダの機能を担った南京の大東亜戦争博覧会について論じることとしよう。1931年9月18日に関東軍が満洲事変を起こすが、これはその後15年に及ぶ日本の侵略戦争の始まりに過ぎなかった。満洲国の成立、華北分離工作を経て、ついに1937年7月7日に盧溝橋事件が勃発し、日中戦争の火蓋が切られた。日本軍は開戦当初、速戦速勝を狙ったが、1938年10月に武漢と広州を占領してからは、戦線が膠着し、戦略的対峙段階となった。国民党の蒋介石や共産党の毛沢東は、基本的に持久戦による抗戦勝利を展望していたが、国民党のナンバー2であった汪精衛は持久戦に悲観的であり、対日和平を主張し、ついに蒋介石と袂を分かって、1940年3月に南京で親日政権を樹立した。しかし汪精衛南京政府（以下、汪政権）の対日和平の主張に呼応する動きは、国民党や共産党の内部から起こることはなかった。一方、日米交渉に行き詰まった日本政府は米英両国との戦争を決意し、1941年12月8日に真珠湾を奇襲攻撃して、太平洋戦争が始まった。汪政権は太平洋戦争が勃発すると、参戦の意向を日本当局に示し、それは1943年1月に実現することとなった。

　大東亜戦争博覧会は日中間の協力により、汪政権の参戦の直前に当たる1942年11月1日から12月10日にかけて、玄武湖畔で開催された[(1)]。大東亜戦争博覧会については、管見の限り、先行研究が内外ともに皆無である。また、例えば当時の朝日新聞においても、ベタ記事でその開幕が報道さ

れたに過ぎないことからも明らかなように(2)、同時代の日本のメディアから
ほとんど注目を集めることはなく、少なくとも日本では開催時においてさえ
も、その実態についてはよく知られていなかった。

　本章では研究史の欠落を埋めるのと同時に、中国大衆に対する戦争プロパ
ガンダの媒体として、大東亜戦争博覧会がどのように機能していたかについ
て究明する。まず１で、大東亜戦争博覧会がどのような経緯を経て開催さ
れるに至ったかを明らかにする。次いで２で、大東亜戦争博覧会の趣旨と
展示内容がどのようなものであったかを解明するが、その際、同博覧会の参
観者に期待された「まなざし」(3)と、華北の新民会会員の日本国内の戦争博
覧会参観に際しての「まなざし」との比較を行なって、その相違点がどのよ
うなものであったかを分析する。最後に３では、大東亜戦争博覧会参観者
の時局に対する意識や感情がどのようなものであったかを、中学の生徒の手
記を例に取り上げて検討した上で、同博覧会の大衆的興行が、大衆の動員に
当たって、どのような意義をもっていたかについて考察する。

1.　開催の経緯

　大東亜戦争博覧会が開催に至った経緯から見ていこう。寺下勤『博覧会強
記』によれば、日中戦争勃発以降、日本国内で開催された博覧会数は 1937
年に 5、1938 年に 26、1939 年に 21、1940 年に 20、1941 年に 7、1942
年に 3、1943 年と 1944 年に各 1 という具合であり、各博覧会の名称から
して、そのほとんどが戦争をテーマとしたものであったと言ってよかろう。
主催者については、同書で明らかにされているものの大半は、新聞社か地方
自治体、もしくは地方の商工会議所であった。また同時期の朝鮮半島や満洲
国における博覧会数は、朝鮮で 1940 年、1941 年、1943 年に各 1、満洲で
1942 年、1943 年に各 1 であり、それぞれの名称からして、いずれも日本
の植民地統治の成果を誇示し、現地住民を戦争に動員することを趣旨とした
ものであったと思われる。主催者に関しても、同書で明らかにされているも
のは全て現地の新聞社であった(4)。

　中国の占領地では、南京の大東亜戦争博覧会に先立って、北京で大東亜博覧会が、次いで天津でも同名の博覧会が相次いで開催された。北京の博覧会に関しては資料不足故に不明であるが、天津の博覧会については、『大東亜博覧会記念写真帖』からその概要の一端が明らかになっている。天津では1942 年 8 月 1 日から 9 月 10 日まで開催され、主催団体は華北宣伝聯盟天津支部（在津新聞協会、天津広播電台〔ラジオ局〕、華北演芸協会天津支部、華北電影〔映画〕協会天津支部）であり、後援は天津居留民団、天津日本商工会議所、天津特別市公署、天津市商会であった。だが、同書の序文に「本博覧会をして絢爛たる大成果を挙げしめたる最大原動力が天津陸軍特務機関を始め在津各部隊の自主且侠勇的協力に基づきたるものなることを想起し、不断の敬意と謝意を表して已まざる次第なり」と記されていたことからも明らかなように、実質的な主催者は天津駐留の日本軍であったと考えられる[5]。また博覧会の趣旨も、後述するように華北占領地域の社会を太平洋戦争に動員することに置かれていた。

　北京、天津での博覧会を受けて、華中方面においても同様の趣旨の博覧会の開催が検討に付されることとなり、「外、陸、海、興各機関の係官に於て寄々研究」させたところ、戦争遂行中の現地において博覧会のようなお祭り騒ぎ的行事を実施するのは適当ではないとの意見も出されたが、1942 年 7 月下旬に開催が決定された。汪政権、支那派遣軍、支那方面艦隊、帝国大使館、興亜院華中連絡部の後援の下で、大東亜戦争博覧会の主催団体となる大東亜戦争博覧会委員会が組織されたが、同委員会の人選については、評議員を除く委員と実行委員では、以下のように日本側の人員の方が多くなった。

一．委員：国民政府　郭宣伝部次長（中国）　　陸軍　岩崎報道部長　　海軍
　　鎌田報道部長　　大使館　好富報道部長　　興亜院　大家調査官（以
　　上日本）

二．実行委員：国民政府宣伝部　鍾参事　　南京特別市　薛宣伝処長（以上
　　中国）　　総軍報道部　志生野中佐　　同　鷹尾中尉　　海軍武官府
　　赤木少佐　　同　夏目嘱託　　大使館　松平書記官　　同　松尾官補
　　興亜院　岩城調査官　　同　本野調査官（以上日本）[6]

日本側において実質的に博覧会の開会準備の責務を担ったのは、委員の総軍報道部長岩崎大佐、及び実行委員の同部員志生野中佐、同鷹尾中尉などであり、また請負業者には当時国策会社となっていた乃村工藝社が選定された。鷹尾中尉の回想によると、大本営報道部に、東京から博覧会の企画・設計・施行の権威者の派遣を求めたところ、二つの選択肢が提示された。すなわち、「日本文化の水準を誇示する建築様式を採用するなら、一九三三年シカゴ万国博で日本館の展示設計を担当した山脇巌教授が最適だし、大衆啓蒙をねらってパノラマ展示に重点を置くなら、靖国神社の外苑展示で優秀な技術を発揮し、陸海軍の信頼厚い乃村工藝社が期待に応えるだろう」とのことであった。そこで、山脇巌と乃村英一両者が招聘され、関係者の間で各々の試案に基づく図面が比較検討された結果、後者の案が支持され、乃村工藝社に一任することとなった。南京に現地入りした乃村工藝社のスタッフには、先の乃村英一及び製作総指揮の乃村清三、その他画師 40 名、大工職 20 名、造型、塗装、表具、電気の各職方が入っており、総勢で 100 名余りに上った[7]。

また費用に関しては、陸軍と海軍がそれぞれ 10 万円ずつ、外務省と興亜院がそれぞれ 5 万円ずつ負担することとなったほか、汪政権が 10 万円支出することとなった。その上に、南京と上海の民間有力者にも賛助金を求めたところ、南京商工会議所より 1 万 5 千円が、上海商工会議所より 15 万円が、それぞれ拠出されるに至った[8]。開催に当たって計上された費用の額が当時としてはいかに破格であったかということは、乃村工藝社が以下のように書き記していることからも理解し得よう。

　「玄武湖博」の単独施行は乃村にとって実に大きな意味を持ちました。三五万円という請負額は、……しばしば言及する靖国神社の外苑展示一回の請負額が約二万円ということでしたから、ぼう大なものだったといえます。乃村工藝社の戦中の経営基盤にほとんど決定的な役割を果たしたであろうことは容易に想像されます。そして、このことがまた、いちはやく戦後の再起をも可能にしたのでした[9]。

ところで、上述のように汪政権は大東亜戦争博覧会の後援に名を連ねて、

費用の一部を負担しただけでなく、パビリオンの設営に際しても、「大東亜共栄館は外務省に於て興亜院、国民政府と共に之が陳列に当る予定なり」とあるように、一部関与していた[10]。しかし、日本側がそもそも大東亜戦争博覧会の開催を発案し、主催団体の博覧会委員会の人選でも、日本側のスタッフの方が多く、実際に企画や施行に携わったのも日本の国策会社であり、日本側が費用の過半を負担したことからも明らかな通り、実質的に博覧会は日本の主導の下で推し進められたのである。

　しかしながらプロパガンダの面では、日本側が後景に退き、汪政権が前面に出てくるように演出された。開幕式に汪精衛が出席した際の情景を、汪政権の機関紙『中華日報』は、午前10時ちょうどに「汪主席が灰黒色の背広姿で颯爽と到着すると、大東亜博覧会の全委員が会場の門前で起立して、恭しく出迎えた」と描写した[11]。しかし、実際には『中華日報』の報道のように汪精衛の面子が保たれたわけではないようである。博覧会委員会における五人の委員のうち、ただ一人汪政権側の委員であった郭秀峰宣伝部次長は、戦後になって以下のように開幕日の汪精衛の様子を回想していた。

　　…午前9時に汪精衛が偽宣伝部長の林柏生に付き添われて会場に到着した時、正門の外では軍隊と警察が林立している様子が目に付くばかりであった。汪精衛は状況を見て取るや、西尾寿造支那派遣軍総司令官がすでに到着していることを知り、心中ひどく不愉快になった。この博覧会が宣伝部の主催である以上、中国側が主であり、日本側が客であって、主人が先に来て客人を接待すべきであるのに、どこに客人が先に来る道理があろうかと考えたからである。そこで自動車が会場の正門前に着くと、汪精衛は停車を命じ、下車して脇道から大回りして会場に入っていった。随行の参観者もまた自動車から下りて後に従った[12]。

　上述のささいな行き違いを通して、大東亜戦争博覧会が日本の主導の下で推進されたことに対し、汪精衛が大いに不満をもっていたことが見て取れるだろう。博覧会の運営で主導権を握れなかった汪政権は、以下で見るように、メディアや要人の会見等を通して各パビリオンの展示に関する解釈を披瀝することで、主催者としての立場をアピールすることとなった。

2. 博覧会の趣旨と展示内容

大東亜戦争博覧会の開催趣旨とはどのようなものだったのだろうか。同博覧会委員会は以下のように明示した。

大東亜戦争の意義を闡明し、日華提携に依り聖業完遂に邁進する熱意を昂揚し、以て重慶側抗戦意思の崩壊を促進す。之が為
（一）　皇軍の赫々たる戦果及必勝不敗の実力を明示す
（二）　大東亜共栄圏の実情を紹介すると共に日本及国府に対する信頼の念を
　　　　向上せしむ

大東亜戦争博覧会において、（一）と（二）の目的に沿って作られたパビリオンは、それぞれ大東亜戦争館と大東亜共栄館である。大東亜戦争博覧会には全体でこの二つのパビリオンしかないが、博覧会と銘打っている割にパビリオン数が極端に少ないのは、戦時下において資材が貴重になっているが故に、徹底的にパビリオン数を節減したからである[13]。
一方、先述した天津の大東亜博覧会の開催趣旨は「一、大東亜戦争の真意義闡明　二、華北産業の実情展示　三、兵站基地としての天津の性格再認識」とされ、南京の博覧会の趣旨と比較すると、三の趣旨内容に見られるように、中国ナショナリズムに対する配慮が希薄であり、より日本軍の意向が色濃く反映されていたと言えよう。また、パビリオンに関しては、南京の博覧会よりもはるかに多く、大東亜館、戦利品館、工業館、新民館、華北開発館、広播（放送）館、農産館、畜産館、商工廻廊、大東亜海館、大東亜会館、文教館、新興資材陳列館が設けられていたが、その展示の中身に関しては資料不足から不明である[14]。

大東亜戦争館

　まず、大東亜戦争館の展示内容から見ていくことにしよう。館内の左右の両側には日本軍の戦勝状況を描いた油彩画が中心に展示されていた。また右側の列には、シンガポール攻略図が展示され、そこでは実際のシンガポールの外観や海洋の風景が絵幕に再現されているだけではなく、模型のオートバイ隊が進攻している模様が再現されていた[15]。こうした油彩画の出来映えについては、開幕日に参観した周佛海が日記に「戦闘を描いた各種油絵は一見の価値がある」と書き記すほどのものであった[16]。〔写真：「マンダレー陥落」場面を描いた油彩画　アジア資料センター：Ref.B04012268800、本邦博覧会関係雑件 20．大東亜博覧会（Ⅰ-1）外務省外交史料館　より引用〕

　また大東亜戦争館の内外には、捕獲された英米軍の兵器が陳列されていた[17]。こうした捕獲兵器については、『中華日報』の社説が次のように注釈していた。「英米を盲信する人々は往々にして英米の力が偉大であると考え、

その力の偉大さが兵器の性能の高さに表れているとしているが、実際には全てがそのようであるわけではないのである」。（社説の執筆者が）1933年に香港政府が催した「海軍の日」に英国の航空母艦を見学したところ、艦載されている大砲が1912年製造という旧式のものであることを見出したが、「いわゆる兵器の性能の良さとは、元々そのようなものに過ぎないのである」。戦前に英米は増援と戦争準備を叫んでいたものの、「博覧会で展示された捕獲兵器を見ても、依然として旧式のままであった」。そのことはまさに、英米が「作戦で用いた兵器の故に敗れた」ことを意味しているのであると(18)。

日本軍の戦勝状況を描いた油彩画や旧式のものとされた英米の捕獲兵器の展示によって、「皇軍の赫々たる戦果及必勝不敗の実力を明示す」る必要性に駆られた要因を、ここで考察することにしよう。その要因としては第一に、中国人の間に広まり始めた日本軍の敗北必至という見通しを払拭する必要性が出てきたことが挙げられるであろう。例えば、周仏海が日本軍の戦勝を目の当たりにして、その軍事力にある程度の信頼を寄せるに至った太平洋戦争緒戦の段階でさえも、その日記に書きとめられたように、依然として重慶政権は「英、米の経済力は日本をはるかに上回り、一時的な軍事敗北は勝敗に関係なく、最終的には日本は必ず経済戦によって敗北すると見なしている」(19)のであった。こうした重慶政権側の見通しを共有する者が、太平洋戦線での日本軍の劣勢に伴って、後に秘密裏に重慶政権に投降を申し入れる周仏海をはじめとする汪政権関係者をも含めて、占領下の社会において増加していったことは想像に難くないであろう。

他方で、日本軍の勝利を確信するか否かは、対日協力者になるか否か、ひいては汪政権の支持者になるか否かの重要な分岐点であった。抗戦陣営側によれば、漢奸には積極的なものと消極的なものの二種類があるとされ、前者は更に失意の軍政分子と下層階級の民衆に二分され、また後者についても、「恐日病」患者と奸商という二種類に分けられるとした。そして、「恐日病」患者について以下のように説明していた。

　この種の人々は元々漢奸と言うことはできない。彼等は失意の軍人や政客でもなく、また生活の保障がない下層階級の民衆でもなく、逆にその大多数は高

官職にあり、手厚い俸給を享受している中央あるいは地方の現職の官僚である。しかし彼等は日本に対しておしなべて恐怖心を抱いているために、そのあらゆる措置はいつしか敵に極めて大きな便宜を与えることになってしまっており、国家が権益を喪失し、あるいは多くの復興の機会を失うような事態に立ち至らせているのである。こうした「恐日病」の原因は、ある者の場合には自らの体験による「一面的」な事実に基づき、我が国が依然として日本に対抗し得ないと考えていることにある(20)。

これまで「恐日病」に取り付かれて、対日協力を行ない、汪政権に参加したり、あるいは支持を与えたりしていた多くの人々が、太平洋戦争の進展につれて、重慶政権と同様に、日本の敗北必至と考えるようになってきたであろうが、上述の『中華日報』の社説は、まさにそうした動揺する人々に対して、大東亜戦争博覧会の参観を通して、再度日本軍必勝の信念を吹き込むものであったと言えよう。

汪政権は、動揺分子に対して日本軍必勝の信念を吹き込むだけではなく、さらに進んで、アヘン戦争以来中国社会に根付いていた反アングロ・サクソンのナショナリズムに訴えて、中国の参観者に日本軍の対英米戦が中国の反植民地闘争の一環であると認識させようとした。上述の『中華日報』の社説は、大東亜戦争博覧会に展示されている英米両国の捕獲兵器が旧式のものであると述べた後、さらに次のように捕獲兵器と中国とを結び付けた。

英米によるこうした兵器を用いての中国及び東亜への侵略は百年に渡っており、今日になって大東亜戦争の勝利と友邦将士の勇敢な戦闘により、侵略勢力はようやくにして駆逐され得たのである。こうした侵略の恃みとなった道具が運び込まれて、陳列されることとなり、我々は目にした後には、実に無量の感慨を覚えるものである(21)。

また、博覧会の目玉の一つであった模型の戦艦「大東亜号」が、その展示の意義を中国「国民がさらに深く認識できるようになるために」、汪精衛自身によって「長城号」へと改名された(22)。そうした改名もまた、中国の参観者をして日本の軍事力を中国のそれと一体のものとして認識させ、ひいて

は上述のように日本の対英米戦を中国自身の戦争でもあると認識させることを意図したものであると言えよう。

大東亜共栄館

　次いで大東亜共栄館の展示内容を見ることにしよう。大東亜共栄館は中国、日本、その他の三部に分かれていた。中国部の展示の内容は、汪政権の治世の実績を称揚するものであり、上述のように汪政権が出品に関わっていたものと推測される。一方、日本部のそれは、主として日本の軍事生産力を誇示するものであった(23)。なお、日本部の展示では構想時に「日本科学の優秀性を宣伝」するために、当時開発の途上にあったテレビの搬入が検討されたが、諸々の事情により実現されなかった(24)。またその他の部の図表等による展示内容は、ゴム、錫等の英米が失った南洋資源、南洋の風俗や物産等についてであった。さらに大東亜共栄館広場における図表等による展示内容は、日本軍の東南アジア占領と復興がテーマとなっていた(25)。

　大東亜共栄館は上述のように中国、日本、その他の三部構成であったが、一方、南京の大東亜戦争博覧会の直前に、福岡で開催された大東亜建設博覧会では、同じく乃村工藝社が一部手掛けていたものの(26)、同名のパビリオンである大東亜共栄館の構成は全く違ったものとなっていた。福岡の大東亜共栄館の構成は、「大陸の部（満蒙、沿海州、北中南支の紹介）　南西太平洋地域の部（仏印、比島、泰、ビルマ、蘭印、南洋諸島、濠洲、ニュージランド、ニューギニヤ、印度等紹介）　印度の部（印度洋より近東地方、アフリカ東部に及ぶ地域の紹介）太平洋の部（ハワイ、東、北太平洋地域アラスカ、中米、南米其他）」というものであり、日本の部は含まれていなかった。また展示の趣旨も、「大東亜資源の開発と国防資源との関係」を明らかにしつつ、大東亜共栄圏民族が「日本を盟主として」、大東亜建設に邁進する姿をも示すというものであった(27)。中国を含む大東亜共栄館に展示されていた国や地域は、まさに「盟主」に擬された日本の参観者によって「まなざされる」存在と化していたのである。

　ここで、南京の大東亜共栄館において中国部と日本部が並置された構成の

意図について考察することにしよう。宣伝部長の林柏生は、開幕日の記者会見での談話で、博覧会参観に当たって次のように二つの点を強調した。第一点は孫文の大亜洲主義についてであった。約70年前に明治維新が成功し、孫文が幼少であった頃、「アジアは英米の侵略下にあり、南洋各地は前後して侵略主義者の植民地へと落ちぶれていった」。幸い日本が立ち上がり、日露戦争によって侵略主義者に打撃を与えた。一方、「中国の民衆もまた国父の指導の下で中国の復興、中日の合作、東亜の解放を求めて不断に闘争し、こうした闘争は前後して70年に及んでいるのである」と。

　第二点は汪精衛による大亜洲主義の継承と発展についてであった。7年前の開幕日と同じ11月1日に、暴徒によって狙撃された汪精衛は当時、「国父の遺教に基づき、既定の方針に従って、中日関係の好転を図り、かつ日独伊防共協定への参加を主張し」、「同時にリースロスの法幣政策に反対し、それによって中国が英国に愚弄され、中日関係を収拾不可能な危機に陥れないように努めていた」。7年前の今日、「汪主席が流した熱血は、中日両国の志士の心に東亜解放の多くの花を咲かせ、ついに二大民族に血溜りの中から痛切に反省させることとなり、共通の前途のために協同で奮闘するように仕向けたのである」と[28]。

　このように孫文の大亜洲主義を汪精衛が継承し、中国と日本が協同でアジア解放のために対英米戦を遂行するということこそが、汪政権が大東亜戦争博覧会に託した理念なのであり、大東亜共栄館に中国部と日本部が並置されたことは、まさにその理念を体現したものと言えよう。無論のこと日本側も汪政権の意を汲み取って、中国部と日本部が並置されるようにパビリオンの設営に当たったのであろう。また汪政権は大東亜共栄館の展示構成や林柏生の談話等を通して、中国の参観者に次のようなことを体得させようと意図していたのであろう。中国が日本に「まなざされる」存在ではなく、日本と同じ視点から、その他の部や大東亜共栄館広場での展示対象であった日本軍占領下の南洋諸地域を「まなざす」存在であることを。

新民会の大東亜建設博覧会における「まなざし」との比較

　ここで、南京の大東亜戦争博覧会の参観者に期待された「まなざし」と、乃村工藝社もその一部を請け負い[29]、1939年4月から5月にかけて西宮で開催された大東亜建設博覧会における、華北地域の中華民国臨時政府（汪政権成立後には華北政務委員会）の新民会関係者の「まなざし」とを比較することにしよう。新民会とは、1937年12月に北京で中華民国臨時政府が樹立された際に、満洲協和会に範をとって組織された民衆教化団体である[30]。新民会を代表して、友松という中国人の同会会員は、西宮の大東亜建設博覧会に派遣され、帰国後に新民会の中国語の機関誌『新民週刊』に手記を寄せた。手記そのものは、友松という人物が書いたものであるが、掲載誌が新民会の機関誌である以上、その大東亜建設博覧会への「まなざし」は、友松一個人を越えて、新民会の中国人会員全体で共有されるように期待されていたと言ってもよかろう。

　西宮の大東亜建設博覧会において最も注目を集めたのは、開会の祝辞で陸軍大臣の板垣征四郎が述べたように、「空、海、陸の見事な共同作戦による立体的大包囲戦で戦史に比類なき戦果を収めた武漢三鎮攻略戦況の立体的解説」となっている大パノラマであった[31]。友松は西宮球場に設営された武漢三鎮攻略大パノラマを見た印象を、以下のように書き記した。

　　…その下の山の洞穴を通ると、武漢攻撃戦の大模型があり、参観者はここに至ると、世界戦史において凄壮無比の武漢三鎮攻撃の戦場に臨んでいるという感慨を抱くであろう。面積は一万坪（五十華畝にほぼ相当）あり、山水もしつらえられている。勇猛な作戦を演じている無数の木像の兵士、軍用機の爆撃による土のくぼみ、大砲の炸裂による弾痕は、参観者をしてしきりに驚かすのである。場内における人民の住居の間には木々や竹林があしらわれており、江南の趣が十分に醸し出されている。武漢三鎮の縮図の上には特製の模型軍用機があり、しばしば硝煙と音響によって当時の爆撃の状況を再現している。果てしない長江の濁流の下流では、日本海軍の遡行部隊による攻撃の状況を目にするこ

とができる。長江沿いの南北の山岳地帯がトーチカや塹壕といった障害物のようになっており、このことからも戦闘の激烈さを想像することができよう。

　以上の記述から明らかなように、武漢三鎮攻略大パノラマを前にして、友松の「まなざし」は、中国人でありながら、完全に日本の中国に対する帝国主義的な「まなざし」に同化していると言えるだろう。ひいては友松の手記を読む中国人の新民会会員も同様にその「まなざし」に同化するよう期待されていたのである。こうした帝国主義的な「まなざし」にさらされる中国像は、中国ナショナリズムの反アングロ・サクソン感情に訴えて、日本の対英米戦を中国の反植民地闘争と見立てようとした大東亜戦争博覧会の大東亜戦争館においては、意図し得ないものであった。

　また、友松は「新東亜めぐり」の会場を一周した際、蒙疆広場ではパオを目にしたり、モンゴル人によるモンゴル相撲のパフォーマンスを見たりして、「塞外の情緒が濃厚であった」と感想を記すなどしていた。こうした記述にも見られるように、日本軍の占領方針の下に分断された内モンゴル等を、友松は日本の参観者同様にエキゾティシズムを覚えながら「まなざす」ようになっており、ひいては他の中国人の新民会会員もそのように「まなざす」ように期待されていたのであろうが、友松の「まなざし」は、大東亜戦争博覧会の大東亜共栄館での展示意図とは全く相容れなかったであろう。先述したように、大東亜共栄館の展示意図は、あくまでも中国が日本に「まなざされる」存在ではなく、日本と同じ視点から南洋諸地域を、時にその風俗や風物に対してエキゾティシズムを感じながら「まなざす」存在であることを体得させることにあったからである。こうした新民会会員の「まなざし」や先述した天津の大東亜博覧会の概要から、汪政権と比較して、華北の親日当局がよりはなはだしく日本に隷従していた有様を見て取れるであろう。逆に言えば、汪政権は新民会や華北政務委員会等に比べて、より強力に中国ナショナリズムの立場を訴えてきたのであり、また後述する中学生の手記に見られるように、同政権下の大衆においてもナショナリズムの感情は根強く伏在していたのである。

　ところで、友松の「まなざし」が日本側の中国に対する「まなざし」と完

全に同化した背景には、新民会機関誌という媒体自体に執筆の制約があったことは無論のことであろうが、それ以外にも彼の個人的な日本人の国民性に対する崇敬の念があった。例えば、友松が西宮行きの途上で鉄道に乗った際、「全車中には一人として二人分の座席を占める者はなく、婦人や子供には傍らで立たせておき、気ままに果皮を捨てたり、ところかまわず痰を吐く様を目にしたりはしなかった」とのことで、「日本国民の旅行道徳の普及振りは、とりわけ我々の敬服に値するものである」と記していた。また北支館の設営準備に当たっていた際、一緒に作業していた日本の女性事務員の働き振りを見て、「努力し、苦労に耐え、全然倦むところがないのは、実に日本女性の特徴であり、我が国の教育者がこの点について注意し、提唱するよう大いに望むものである」と書き加えていた[32]。

　本節の最後に、汪政権のプロパガンダ工作における大東亜戦争博覧会の位置付けを見ることにしよう。それはまさに、汪政権が参戦後の 1943 年 6 月に制定した「戦時文化宣伝政策基本綱要（以下、基本綱要）」の一部を先取りするものであったと言えよう。例えば「基本綱要」では、「中国は対英米宣戦を行ない、友邦の日本と力を合わせて大東亜戦争を完遂するものであり、軍事、経済を問わず必勝を期するものであって、国民に徹底的に国府の参戦と友邦協力の意義を認識させ、国民総力を挙げて参戦するに際しての精神と努力を励ますものである」としたが、大東亜戦争館の展示はまさに日本の対英米戦争を中国大衆に中国自体の戦争として捉えさせる試みであった。また「基本綱要」では、「国父遺教、三民主義及びその重点たる大亜洲主義は中華復興と東亜保衛の最高指導原理である」としていたが[33]、上述のように、こうした理念もすでに大東亜共栄館の展示構成に反映されていたのである。

3. 参観者の動員

　大東亜戦争博覧会の参観者数は一体どれくらいになったであろうか。日本外交当局の報告書によると、11 月 1 日の開幕式から 12 月 10 日の閉幕式までの間に、「南京、上海、漢口地区は言うに及ばず、遠く蒙疆北支の各地を

始め宜昌、岳州、舟山列島方面よりも多数の来観者あり」とのことであり、最終的には「約五十万に達する入場者あり」とされた[34]。

　もっともこの50万人の入場者の中には、正確な動員数は不明であるが、汪政権による組織的な動員も含まれていた。動員されたのは主として地方政府関係者や小中学の生徒であり、こうした「学生生徒軍人警官等の団体入場者に対しては入場無料の特典」が与えられた[35]。地方政府関係者の動員の事例としては、例えば、徐州では各界人士が、揚州では中国合作社江都支社の全職員が、崑山では県政府各機関から派遣された職員が、各地方の新聞社の代表が、それぞれ参観団を組織し、大東亜戦争博覧会を参観したとのことである[36]。また小中学の生徒の動員の事例としては、例えば、宣伝部が立てた日程計画通りに、南京市内の市立及び私立の各小中学が自校の生徒の博覧会参観を実施するように、宣伝部は南京市政府教育局に対しその指導監督を命じたということがあった[37]。その上に、大東亜戦争博覧会委員会は、博覧会をテーマとした懸賞付きの作文、油彩・水彩画、写真のコンクールを催し、参観した「各校の生徒に幅広く参加してもらうために」、その作品提出の締切日の延長を決定したとのことであった[38]。このように特に小中学の生徒に対しては、大東亜戦争博覧会の趣旨の浸透を図るために、博覧会への参観を強制したばかりではなく、事後には懸賞付きのコンクールを催したのである。

　では、当時の動員された小中学の生徒は、大東亜戦争博覧会の参観に当たって、時局に対してどのような意識や感情を抱いていたのだろうか。占領下の当時の青少年の意識を表した同時代の刊行資料は乏しいが、上海の名門校、上海徐匯中学の冊子、『上海徐匯中学卅一年度学業成績展覧会紀念冊』はそのような状況下にあって、例外的とも言える資料である。その冊子は、太平洋戦争開戦に伴う上海租界占領後の1942年に編纂されたものの、出版社、出版年月日等の奥付きもなく、冊子の性格上、学内関係者や生徒の父兄にしか配付されていなかったと見られる。この冊子に収録されている同中学の生徒の手記を手がかりにして、当時の青少年の時局に対する意識や感情を考察することとしよう。

　葉徳礼という生徒は「秋の夜の読書」というエッセイのなかで、以下のよ

うに書き記した。

　…月夜に弟のことを思い起こすという杜甫の詩「戌鼓断人行」を読むと、た
ちまち悲しみの涙が心の底から目の縁にまで湧き起こってきた。あたかも国境
のとりでの太鼓の音が聞こえるばかりでなく、さらには戦場における銃砲と飛
行機の爆撃が私の愛しい故郷を焼き払って、一片の焦土にしてしまった音が聞
こえるかのようである。より一層痛ましいのは、祖母がその知らせを受けて、
あろうことか憂悶が胸に積み重なり、ひとたび病気になるや起き上がれなくな
り、薬石効なしとなったことを思い起こすことである。祖母は、私たちが命か
らがら逃げて避難している際に、急死してしまった。ああ！痛ましいことよ！
この上どのような詩が私の痛ましい悲しみを表現することができようか？…私
は続いて杜甫の「工部月夜」という詩を読んだが、「有弟皆分散」という句を目
にすると、真に悲しみの上に悲しみを加えることとなり、思いの限り大声で泣
き叫び、戦場で亡くなった長兄のために泣いたのである[39]。

　当時の少なからぬ小中学生が、上述のエッセイの作者、葉徳礼のように、
日中戦争において肉親の死を経験し、その記憶をずっともち続けてきたこと
は想像に難くないであろう。そしてそのような個人的な経験もあいまって、
二度と他国の侵略を被らないように、中国を富強の国家に築き上げたいとい
う素朴な反日ナショナリズムが子供心に芽生えてきたとしても不思議はない
であろう。例えば、董時鼎という生徒は、「子供を軽んじてはならない」と
いう文章の中で、以下のように述べていた。

　子供を軽んじてはならない！子供にはなおも万能な両手があるのではなかろ
うか？この両手は労働を喜び、活動を恐れず、将来大きくなったら、創造する
ことができ、発明することができ、また飛行機を操縦することができ、潜水艦
を操縦することができ、最も大きな大砲を発射して、我々の仇敵を爆撃するこ
ともできるのである。
　子供を軽んじてはならない！子供は中華民国の未来の主人公であり、子供の
愛国心は血のように赤く、子供の是非の心は明瞭である。我々勇敢で健康な子
供たちが、大中華民国を世界第一の国家に作り上げ、我々中華民族を世界第一

の民族に作り上げるように、私は希望するものである[40]。

　日本軍の侵略により肉親の死を経験し、素朴な反日ナショナリズムを抱くに至った少なからぬ小中学の生徒が、仮に大東亜戦争博覧会の参観を強制されたとしても、その展示の趣旨が一体どこまで彼等に浸透し得るかは疑問であろう。せいぜいのところで、英米軍の兵器が日本軍のそれよりも旧式であることから、日本軍の敗北必至という見通しが誤りであることを認識させるに止まったであろう。生徒に日本の対英米戦を中国の反植民地闘争の一環であると認識させようとし、また中国が日本に「まなざされる」存在ではなく、日本と同じ視点から南洋諸地域を「まなざす」存在であると体得させようとする試みは、狙い通りにはいかなかったものと推測される。小中学生の大東亜戦争博覧会の展示趣旨に対する、こうした予測され得る反応からも、大東亜戦争館や大東亜共栄館の展示内容だけでは、非強制的に何十万もの人々を動員するだけの魅力に乏しかったものと思われる。実際、前出の郭秀峰は、玄武湖における海戦場面がいかにもっともらしくしつらえられていても、「参観者は喜んだりしなかった」と回想していた。

　そこで、大東亜戦争博覧会委員会は会場に演劇場を設営し、「参観者を惹き付けるために、上海映画界の張善昆が率いる映画スターの代表団を招待し」たりするなど[41]、ほぼ連日にわたって大衆的興行の充実に努めた[42]。演劇場での様々な大衆的興行のうち、最も参観者を動員したのは、言うまでもなく映画スターの歌謡コンサートであった。例えば11月8日に映画スターの歌謡コンサートが催されたが、「普段、上海の映画スターを目にすることのない南京では」、多くの人々が「『三人のスター』（李麗華、襲秋霞、白光）を一目見たさに、千里をも遠しとせずにやって来た」。観衆の殺到振りは、「城門口から会場までずっと押し合い圧し合い」するほどであった。また「チケット売り場の入り口には数千人が詰め掛けていた」ところへ、なかには「多くのチケットを買って、外で一手に売りさばき、その売り上げが原価の倍、もしくは倍以上になった」者も現れた[43]。40日間の会期において、1日の参観者数が1万人余を下らないとされ[44]、総計で約50万人に達した要因には、映画スターの歌謡コンサートを始めとする大衆的興行の成功があ

154

ったと言えるだろう。

おわりに

　まず、大東亜戦争博覧会の開催の経緯についてであるが、中国側の関与も
ある程度認められたものの、実質的には日本側が主体となって推進してい
た。主催団体の博覧会委員会の人選では、日本側の人員が汪政権関係者より
も多数を占め、実際に企画や設営を請け負ったのも日本の国策会社であり、
費用に関しても、日本側がその過半を負担していた。しかし汪精衛は、同博
覧会はあくまでも中国側が主体となって運営すべきであると考えていたこと
から不満を募らせており、汪政権はメディアや要人の会見等を通して、展示
に関する解釈を披瀝することで、主催者としてのアピールを行なっていた。
　さて、こうして開催に至った大東亜戦争博覧会は、汪政権が参戦後に策定
した「戦時文化宣伝政策基本綱要」の一部を先取りするものであり、大東亜
戦争館と大東亜共栄館という二つのパビリオンは、それぞれ「皇軍の赫々た
る戦果及必勝不敗の実力を明示す」と「大東亜共栄圏の実情を紹介すると共
に日本及国府に対する信頼の念を向上せしむ」という二つの趣旨に対応して
建設された。大東亜戦争館では、主として日本軍の戦勝場面を描いた各種の
油絵や「旧式」とされた英米軍の捕獲兵器などが陳列されていた。『中華日
報』は、同館の参観を通して、太平洋戦争の進展につれて増えてきた、重慶
政権と同じく日本の敗北必至と考えるようになった人々に対して、日本軍必
勝の信念を吹き込もうとした。さらにはアヘン戦争以来の反アングロ・サク
ソンのナショナリズムに訴えて、人々に日本の対英米戦を中国の反植民地闘
争の一環として認識させようとした。一方、華北の新民会会員による日本国
内の戦争博覧会参観においては、その「まなざし」は完全に日本の中国に対
する帝国主義的な「まなざし」に同化してしまっており、かつ新民会の中国
人会員全体にその「まなざし」への同化が期待されていた。英米帝国主義と
の闘争を趣旨とする南京の大東亜戦争館では、新民会会員に求められた日本
の帝国主義によって「まなざされる」中国像はあり得ない代物であった。

　また大東亜共栄館は中国・日本・その他の三部構成をとっており、日本国内の戦争博覧会の大東亜共栄館における日本部を欠落させていた構成とは異にしていた。大東亜共栄館において、中国部と日本部を並置した意図とは、孫文の大亜洲主義を汪精衛が継承し、中日両国が協同で対英米戦を遂行するという理念を体現させることにあり、中国の参観者に、中国が日本に「まなざされる」存在ではなく、日本と同じ視点から、その他の部における日本軍占領下の南洋諸地域を「まなざす」存在であることを体得させることにあった。一方、新民会会員は日本国内の戦争博覧会において、日本軍によって分割された内モンゴル等を、日本の参観者と同様に「まなざす」ようになっていたのであって、新民会の中国人会員全体にもそうするよう期待されていた。大東亜戦争博覧会において汪政権が意図していた参観者の「まなざし」と新民会の中国人会員に求められていた「まなざし」が対照的となっていた有様が見出されるだろう。こうした対照の背景には、華北の親日当局に比して、汪政権がより強力に中国ナショナリズムの立場を打ち出しており、日本側も一定程度その立場を尊重せざるを得なかったことがあるだろう。

　もっとも、汪政権下の大衆のナショナリズム感情は同政権が考えた以上に強いものであった。小中学の生徒や地方政府関係者などは強制的に大東亜戦争博覧会参観に動員されたが、当時の生徒の時局に対する意識や感情は、日本軍の侵略により、肉親の死を経験したことなどによって、素朴な反日ナショナリズムに彩られていた。そうしたことから、参観を強制されたとしても、展示趣旨の浸透レベルは、せいぜいのところで、英米軍の兵器が旧式であることから、日本の敗北必至という見通しは誤りであると認識させるに止まったであろうと推測される。また二つのパビリオンの展示内容だけでは、非強制的に何十万もの参観者を動員するだけの魅力に乏しかったであろう。そこで博覧会委員会は大量の参観者を動員するために、演劇場を設け、会期中連日のように大衆的興行に力を入れ、上海から映画スターを招いて、歌謡コンサートを催すなどしたのである。博覧会委員会は計画当初、「従来日本各地に流行せる自由主義的産業博覧会の型式を一擲し、専らパノラマ及鹵獲兵器等」を博覧会の中心に据えると意気込んでいたが[45]、結果的には「自由主義的産業博覧会」と同様に、大衆娯楽を織り交ぜることによって、総計

で約50万人もの動員を達成して、まずまずの興行的成功をかち得たのであると言えよう。

（1）　事前の計画では、会期は11月1日から同月30日までであったが、「連日満員の盛況を呈し、好評嘖々たるものありたるに付、客月下旬に至り、博覧会委員会に於ては、十二月八日の大東亜戦争一週年紀念（ママ）日迄延期方決定し…十日閉幕式を挙行せる」とあるように、会期途中で12月10日までの延長を決定したのであった（アジア資料センター（以下、JACARと略）：Ref.B04012268800（第52画像目から）本邦博覧会関係雑件 20.大東亜博覧会（Ⅰ-1）外務省外交史料館）。

（2）　『朝日新聞（東京本社）』1942年11月2日。

（3）　「まなざし」という用語は、吉見俊介『博覧会の政治学』（中公新書、1992年）から借用した。19世紀後半から20世紀前半にかけての欧米の植民地をテーマとした博覧会では、植民地集落が再現され、連れてこられた原住民たちが展示されるなどして、欧米社会の帝国主義的な「まなざし」にさらされていた。日本も当初、欧米の博覧会に対して、欧米人のジャポニズムに訴え、自らを「まなざされる」客体として呈示していったが、他方で自らもまた帝国主義の道を歩み、周囲の社会を「まなざす」ようになって、内国博に植民地主義的な展示方式を導入していくのであった。日本の例に見られるように、「まなざし」の主体と客体は画然としたものではなく、その時々の文脈によって主客が入れ替わるものであると言えよう。

（4）　寺下勍『博覧会強記』エキスプラン、1987年、同書末尾の「博覧会年表」を参照。

（5）　林正義編『大東亜博覧会記念写真帖』天津大東亜博覧会事務局、1942年。

（6）　前掲、JACAR:Ref.B04012268800（第29画像目、第43-44画像目、第31画像目、第49画像目から）。

（7）　乃村工藝社　社史編纂委員会『70万時間の旅―Ⅱ』乃村工藝社、1983年第2版、113頁、107-108頁。

（8）　前掲、JACAR:Ref.B04012268800（第29-30画像目、第36画像目、第44画像目から）。

（9）　前掲、乃村工藝社　社史編纂委員会『70万時間の旅―Ⅱ』108頁。

（10）　前掲、JACAR:Ref.B04012268800（第33画像目から）。

（11）　『中華日報』MF、1942年11月2日。

（12）　郭秀峰「汪精衛涼亭撕字」『鐘山風雨』2003年第2期、江蘇省政協文史委員会、49頁。

(13)　前掲、JACAR:Ref.B04012268800（第 30-31 画像目、第 45 画像目から）。

(14)　前掲、林正義編『大東亜博覧会記念写真帖』。

(15)　右側の油彩画のテーマは香港攻略、マレーのジョホールバール進攻、マレー海戦、パクリパパン攻略、タイの舞踏、ジャワ島のバンドン突撃、平穏な状況下のバリ島、ソロモン海戦であった。一方、左側の油彩画のテーマはハワイの真珠湾攻撃、マニラ陥落、ボルネオ油田地帯攻略、米国の航空母艦であるレキシントン沈没に際しての潜水艦の活動状況、ヤンゴン大空襲、マンダレー陥落、フィリピンのコレヒドール要塞攻略、珊瑚海海戦であった（銭今葛「大東亜戦争博覧会速写！（上）」『新申報』MF、1942 年 11 月 3 日）。

(16)　蔡徳金編、村田忠禧他訳『周佛海日記』みすず書房、1992 年、1942 年 11 月 1 日、日曜日、498 頁。

(17)　展示された捕獲兵器の内訳は、爆撃機が 1 機、戦闘機が 2 機、装甲車が 1 輌、小型戦車が 1 台、大蓄音機が 1 台、探射灯が 1 台、発電機車が 1 輌、測高機が 1 台、対戦車砲が 1 門、高射砲が 2 門、榴弾砲が 1 門、ゴムボートが 1 艘、給水車が 1 輌、軍用大型自動車が 1 輌、大型爆弾が 1 発、軽機関銃・重機関銃が 200 挺余り、砲弾が多数であった（『中華日報』MF、1942 年 11 月 1 日）。

(18)　『中華日報』MF、1942 年 11 月 2 日。

(19)　前掲、蔡徳金編、村田忠禧他訳『周佛海日記』1942 年 2 月 28 日、土曜日、431 頁。太平洋戦争緒戦の段階において、周仏海は、経済評論家の山崎靖純が、日本海軍は質量ともに英米両国を上回っているだけでなく、造船能力及び飛行機生産能力においても英米両国に等しいと述べた際に、「生産力の点については、その言は誇張しすぎの嫌いはあるが、海軍の実力については、かなり事実に近いようである」という感想を抱いていた（同上、1942 年 3 月 2 日、月曜日、431 頁）。

(20)　謝遠達編著『日本特務機関在中国』新華日報館、1938 年、61-63 頁。

(21)　『中華日報』MF、1942 年 11 月 2 日。

(22)　『新申報』MF、1942 年 11 月 16 日。

(23)　中国部の写真や図表等による展示内容は、①大東亜戦争に対する国府の声明、②和平運動の進展、③経済復興の概況、④中央儲備銀行券の流通地域図、⑤還都後の教育の発展状況、⑥新国民運動八大綱領、⑦汪主席並びに国民政府要人の肖像、⑧国民政府の政治綱領、⑨国民政府を承認している各国の一覧表、⑩新中国の国防の発展、⑪清郷工作の進展図、⑫中国における音楽の発達（陳雲裳、李麗華、周曼華、袁美雲、顧蘭君、陳燕燕の六大スターの写真）であった。一方、日本部の写真や実物等による展示内容は、①製鋼所内部の壮観、②建造された軍艦の進水、③新鋭の戦闘機の絶

えざる生産と強力な空軍の編成、④大日本航空青少年隊の隊員、⑤日本空軍による敵に対する勇敢なる撃退、⑥東亜の敵を粉砕する日本軍の兵器（機関銃の装備、大砲砲身の製造）、⑦日本の科学、⑧日本の文化（桜、お城、仏像、富士山、健康的で美しい現代の日本女性など）であった（銭今葛「大東亜戦争博覧会速写（下）」『新申報』MF、1942 年 11 月 4 日）。

(24) 前掲、JACAR:Ref.B04012268800（第 39-40 画像目から）。

(25) 具体的な展示内容は、①日本軍の平和的なベトナム進駐、②スマトラ島の平定、③マニラの我等東亜への復帰、④ボルネオ油田の復興、⑤日本軍のボルネオ進撃の進路、⑥南洋資源表、⑦日本軍のビルマ進駐と新生ビルマの絵図、⑧大東亜戦争の概況（前掲、銭今葛「大東亜戦争博覧会速写（下）」）。

(26) 前掲、乃村工藝社　社史編纂委員会『70 万時間の旅―Ⅱ』108 頁。

(27) 前掲、JACAR:Ref.B04012268800（第 18 画像目から）。

(28) 『中華日報』MF、1942 年 11 月 2 日。

(29) 前掲、乃村工藝社　社史編纂委員会『70 万時間の旅―Ⅱ』93 頁。

(30) 新民会については、堀井弘一郎「新民会と華北占領政策（上）（中）（下）」（『中国研究月報』No. 539, No. 540, No. 541、中国研究所、1993 年 1 月、1993 年 2 月、1993 年 3 月）を参照のこと。

(31) JACAR:Ref.C04014746900（第 20 画像目から）大東亜建設博覧会後援の件、防衛省防衛研究所。

(32) 友松「日本介紹　参加大東亜建設博覧会帰後記」『新民週刊』第 25 期、1939 年 6 月、24-27 頁。

(33) 中華民国重要史料初編編輯委員会編『中華民国重要史料初編―対日抗戦時期　第六編　傀儡組織（三）』中国国民党中央委員会党史委員会、1981 年、942-943 頁。

(34) 前掲、JACAR:Ref.B04012268800（第 52 画像目から）。もっとも鷹尾中尉は回想において、入場者数をのべ約 60 万人とし、入場人員の四分の一近くを日本の将兵が占めているのではないかと推測していた（前掲、乃村工藝社　社史編纂委員会『70 万時間の旅―Ⅱ』113 頁）。ちなみに、上述の天津における大東亜博覧会では、入場券購入者総数だけでも 43 万 3 千強に達し、優待入場者数を加算すると 50 万を突破するとのことであって、しかも「入場者の大多数が有識階級を以て占められたる」とされていた（前掲、林正義編『大東亜博覧会記念写真帖』）。

(35) 前掲、JACAR:Ref.B04012268800（第 52 画像目から）。ちなみに大東亜戦争博覧会の入場料は、大人が 1 人に付き中央儲備銀行券で 1 元、子供が 1 人に付き同銀行券で 5 角であった（前掲、銭今葛「大東亜戦争博覧会速写！（上）」）。

(36)　『中華日報』MF、1942 年 11 月 17 日。
(37)　『中華日報』MF、1942 年 11 月 1 日。
(38)　『中華日報』MF、1942 年 11 月 20 日。
(39)　葉徳礼「秋夜読書」『上海徐匯中学卅一年度学業成績展覧会紀念冊』上海図書館所蔵、44 頁。
(40)　董時鼎「不要看軽了小孩子」同上、45 頁。
(41)　前掲、郭秀峰「汪精衛涼亭撕字」49 頁。
(42)　演劇場での興行プログラムの充実振りの一例を挙げると、11 月 6 日から 15 日までの予定は次の通りであった。6 日女性歌手の歌謡コンサート（中華戯茶庁）、7 日新劇（大学劇団の魏建新など）、8 日吹奏楽（国民政府軍楽隊）・雑戯・歌謡コンサート（映画スター）・歌謡コンサート（新国民劇団）、9 日三角戯・魔術（新世界太平技術団）、10 日女性歌手の歌謡コンサート（天香閣戯茶庁）、11 日歌舞（新国民劇団）、12 日揚州劇（新中国劇場）、13 日女性歌手の歌謡コンサート（全安戯茶庁）、14 日新劇及びその他（飛龍閣劇場）、15 日吹奏楽（海軍軍楽隊）・歌謡コンサート（映画スター）（『新申報』MF、1942 年 11 月 3 日）。
(43)　南京特派員　銭人平「大東亜博覧会花絮」『新申報』MF、1942 年 11 月 16 日。
(44)　『新申報』MF、1942 年 12 月 10 日。
(45)　前掲、JACAR:Ref.B04012268800（第 44 画像目から）。

参考文献（邦語）

小笠原強『日中戦争期における汪精衛政権の政策展開と実態─水利政策の展開を中心に』専修大学出版局、2014 年
小林英夫・林道生『日中戦争史論─汪精衛政権と中国占領地』御茶ノ水書房、2005 年
柴田哲雄『協力・抵抗・沈黙─汪精衛南京政府のイデオロギーに対する比較史的アプローチ─』成文堂、2009 年
土屋光芳『「汪兆銘政権」論─比較コラボレーションによる考察』人間の科学新社、2011 年
堀井弘一郎『汪兆銘政権と新国民運動─動員される民衆』創土社、2011 年
山路勝彦『近代日本の植民地博覧会』風響社、2008 年

＊なお本章は「汪精衛南京政府下の大東亜戦争博覧会」（森時彦編著『20世紀中国の社会システム：京都大学人文科学研究所附属現代中国研究センター研究報告』京都大学人文科学研究所、2009年）、並びに「大東亜戦争博覧会」（柴田哲雄『協力・抵抗・沈黙―汪精衛南京政府のイデオロギーに対する比較史的アプローチ』成文堂、2009年）を大幅に加筆修正したものである。

トピックス：「白光」

　大東亜戦争博覧会の会場内演劇場で1942年11月8日に催された歌謡コンサートに出演した三人の映画スターの一人、白光（1920〜1999）について紹介することにしよう。本名は史詠芬であり、白光という芸名は、彼女自身が映画好きで、映写機から銀幕に向けて放たれる白い光を目にすると、インスピレーションを感じることから、そのように自ら名付けたとのことである。写真で分かるように、白光は魅力的な笑窪や生き生きとした瞳をもっていた。当時の中国の映画スターには珍しく悪女役を見事に演じ切っていたことから、「一代妖姫」と呼ばれていた。また歌手としても美しい低音の声を誇り、聴衆を魅了していた。白光は当時、周璇や日本でも有名な李香蘭と並ぶトップ・スターであった。〔写真：白光の肖像　魏啓仁『世紀影歌星三脚鼎　周璇　李香蘭　白光』南天書局出版、2002年、95頁より引用〕

第9章　日本：愛知県の博覧会と中国[1]
—汎太博を中心に—

やまだ あつし

はじめに

「愛・地球博」という愛称で愛知県長久手町・豊田市（長久手会場）および同県瀬戸市（瀬戸会場）の2会場において開催された2005年日本国際博覧会[2]（以下、愛知万博と略す）は、本書刊行時点において日本最後の国際博覧会（EXPO）である。当初の主会場予定地であった海上の森（かいしょのもり）の自然保護を巡る議論[3]や行列が常態だった人気パビリオン、公式キャラクターとして人気が高く万博終了後も各種催しに登場中のモリゾーとキッコロなど、様々な話題を日本社会に提供した。

　愛知万博では中国に関する事件も大きく取り上げられた。残念ながら環境に関する事でも心和む件でもなく、日中の政治対立が万博にまで影響した事件であった[4]。愛知万博の中国デー（5月19日）のために来日中であった呉儀・中華人民共和国国務院副総理が、小泉首相（ともに当時）との会談を急遽キャンセルして帰国した事である。公式には緊急の公務のためとされたが、会談前における小泉首相の靖国神社参拝発言が真の理由であった。一方、愛知万博の中国館は「自然、都市、調和—生活の芸術」をテーマとして「生命の樹」「中華文明の旅」「文化財の展示」「紫檀の書斎」「水晶のスクリーン」の5ゾーンに分けて展示をしていたが[5]、愛知万博で「自然の叡智賞」金賞を受賞した韓国館[6]などと比べると話題性に乏しかったことも否めない。

　さて愛知万博において名古屋市は、各会場への交通結節点・宿泊拠点として、また笹島サテライト会場の運営や協賛行事である名古屋城博覧会の開催など愛知県の中心都市として賑わった。ただし名古屋市が博覧会で賑わった

のは、愛知万博の時だけではない。名古屋市は節目節目に博覧会を開催して
は、都市発展の起爆剤として活用していた[7]。廃仏毀釈の嵐が過ぎた後に開
催され、金鯱も展示されて古美術保存の動きを起こした名古屋博覧会[8]
(1876年)、新堀川の開削と鶴舞公園の完成を記念し、長良川の水力発電所か
ら長距離送電された電気で会場を照らした第10回関西府県連合共進会
(1910年)、昭和天皇の即位を記念し、名古屋の地域産業発展を企図した御大
典奉祝名古屋博覧会 (1928年)、名古屋港開港30周年を記念し、1930年代
日本の大規模博覧会としては事実上最後の存在となった名古屋汎太平洋平和
博覧会[9] (1937年、以下は汎太博と略す)、1980年代の地方博ブームに乗じ名古
屋城天守閣再建25周年を記念した名古屋城博 (1984年)、オリンピック誘致
失敗による落ち込みを跳ね返すべく、名古屋市制100周年記念に開催した
世界デザイン博覧会 (1989年) である。

　これら名古屋市の博覧会は、愛知万博と異なり名古屋市等が主催する地方
博であったものの、規模の大きな御大典奉祝名古屋博覧会、汎太博、世界デ
ザイン博覧会[10]においては国外および植民地の政府や各種機関からの出展
もあった。特に汎太博は、日本国内に留まらないテーマ性、開催規模の大き
さ、海外からの出展数 (29国の参加) の多さなど、愛知名古屋のみならず日
本の1930年代までの博覧会を代表するものと言って過言ではない。

　本章は1937年3月15日から5月31日まで開催された汎太博を事例に、
名古屋で中国がどのように展示されていたかを紹介するものである。この博
覧会会期は、同年7月7日に北京 (当時の名称は北平、以下同じ) 郊外の盧溝橋
で始まった日中戦争の直前であり、衝突の瀬戸際にあった日中間の微妙な関
係が、博覧会にも反映しているのを見ることができる。

1. 汎太博で示された中国——分割進行中の中国

　汎太博は名古屋港開港30周年を記念し、名古屋市南区の熱田前新田 (今
の名古屋市の港区役所周辺) で開催された博覧会であった。開催期間は上記の通
り48日間、会場面積は15万坪 (495,876平方メートル)、入場者数は約194

万人である。

　港区役所周辺は今でこそ市街地となっているが、1930年代においては白鳥（しろとり）貯木場(11)や白鳥駅（貨物駅）によって旧市街地から分断された港湾地帯の空間であった。名古屋港の修築工事にも目処がつき、名古屋市街を発展させ、さらに市街を名古屋港と結びつけるため地域開発が待ち望まれていた。

　また1930年代前半は世界的な不況でもあり、1931年の満洲事変以降の戦争が、日本社会にある種の圧力を与えていた。汎太博は地域開発と不況の吹き飛ばしを目論んで、名古屋市によって1934年から企画されたものであった。開催趣旨は以下である。

　　現下国際の時艱に際し、世界文化新局面の生成を予想せらるる太平洋の平和と文化の発展に資し併せて国際経済の暢達を期せんとする目的の下に汎く沿岸諸国産業文化の現状を展示し我国産業の振興と国威の宣揚に努むると共に友邦諸国民の融和親善と共同の繁栄とに寄与せんとするにあり(12)

　会場は中央の道路を境として東西にわかれていた(13)。西会場は中正門・ラジオ館・豊田式館・観光館・電気館・逓信館・近代科学館・機械館・資源館・日本製鉄館・燃料館・交通運輸館・国防館・航空館・三菱館・農林館・水産館・染織館・蚕糸館・西噴水・温室という施設が並んでいた。東会場は東西南の3地区からなり、西部は中東門・透明人間館・第一産業本館・第二産業本館・専売館・朝日新聞会館・トヨタ織機館・奈良館・保健衛生館・体育館・岐阜館・社会館・教育館・朝鮮館・中南米館・外国館・貿易館・蘭領印度館・シャム館・冀察館・ブラジル館・日本陶器館・冀東館・東京館・兵庫館・大阪館・滋賀県館・海外発展館・神奈川館・中央噴水・事務局があった。東部は、東門・平和塔・愛知名古屋館・台湾館・京都館・満洲館・大毎映画館・歴史館・演芸館・奏楽堂があった。南部は平和橋・こどもの国・子供汽車・大演技場・野外劇場といった娯楽部分であった。旧市街地から会場へは、中央の道路を走る市電が観客を運んでいた。これも市街・港湾の結合を目指して新設されたものであった。他に国鉄（現JR）が臨港線を利用して、会場と名古屋駅を結ぶ列車を走らせていた。

　汎太博の展示施設の名称には、透明人間館など現代人には奇異に感じるものがある。冀東館と冀察館も馴染みがない。冀東館は今の中華人民共和国河北省通州市を拠点に 1935 年 12 月から 1938 年 1 月まで存在した冀東防共自治政府の出展館であった[14]。冀察館は同じく河北省北京市を拠点に同じく 1935 年 12 月から 1937 年 8 月まで存在した冀察政務委員会に関する展示を行う施設であった。こちらは平津両市工商会すなわち北京（北平）や天津の工商会によって組織された団体が出展を担当し、正式名称も中華民国平津両市工商会出品陳列館という。政務委員会の関与は、後援及び指導に留まった。汎太博は日中戦争開始直前に開催されたため、日本軍の華北分離工作で短期間だけ出現したこれら地方政権の存続期間と重なったのである[15]。他にも中国に関する展示を行うものに満洲館と台湾館があり、また各国からの展示を集めた外国館内に中華民国に関する出展があった。各展示の名称と出展者を整理すると表 1 の通り、展示毎に出展者（直営か日本側が集めたものか）も展示面積や展示点数（展示への力の入れ方を反映する）も異なっており、天津市のように冀察館（天津市工商会、すなわち中国側）と外国館（天津帝国居留民団、すなわち日本人居留者）と別々に出展されたものもあった。

表 1　汎太博で中国を展示した施設

通称	正式名称	出展者	建坪	展示品数	記念日とその名称
冀東館	中華民国冀東館	冀東防共自治政府	120 坪	3276 点	4 月 25 日 冀東デー
冀察館	中華民国平津両市工商会出品陳列館	平津両市工商会	140 坪	483 点	5 月 26 日 平津デー
満洲館	満洲館	満洲国、関東庁、南満洲鉄道の共同	302 坪	1756 点	4 月 6 日 満洲デー
台湾館	台湾館	台湾総督府	240 坪	1450 点	なし
（外国館内）中華民国天津 中華民国上海	（外国館）	（博覧会直営）天津帝国民留民団 上海帝国総領事館	（外国館全体で 500 坪）	天津 80 点 上海 988 点	なし

前掲、名古屋汎太平洋平和博覧会編『名古屋汎太平洋平和博覧会誌』から筆者作成。

図1　冀東館

館東冀國民郷中

部一ノ列陳内館仝

出典：前掲、名古屋汎太平洋平和博覧会編『名古屋汎太平洋平和博覧会誌』1370頁。

168

図2　冀察館

館列陳品出界商工市津平國民華中

部一ノ匠中內館同

出典：前掲、名古屋汎太洋平和博覧会編『名古屋汎太洋平和博覧会誌』1376頁。

2.　冀東館と冀察館——両館並び立たず

　冀東館と冀察館は外観もそれぞれ、長城の山海関を模したり（冀東館、図1）、北京・頤和園を模した建物に北京・懐仁堂の回廊を模した中庭を組み合わせた宮殿風建築だったり（冀察館、図2）と目立っていた。しかしながら中国風の外観で目立たせる手法は1903年の第5回内国勧業博覧会（大阪・天王寺で開催）以来、台湾総督府の得意技である。名古屋においても、第10回関西府県連合共進会の台湾館がやはり華南風建築で人目を引いており[16]、汎太博の台湾館も華南風だった。異国情緒なら他にジャワ風建築の蘭領印度館、タイ式仏教寺院を模したシャム館もあった。入場者に感興を与えたのは、表1に示したような冀東館の展示点数と後述の通り冀察館展示物の逸品の多さであり、さらに記念デーの活動が人目を引いた。

　冀東館の展示は、政府の政庁の模型、管轄する22県の模型、管轄内に産する鉱産物・海産物・農林産物・手工芸品、管轄内の各会社や各学校からの出品であった。出品点数の多いものは、農産物667点、林産物269点、工芸品497点、手工品271点、食物295点、各学校からの展示品341点である[17]。

　冀東館を特徴づけた催しは、冀東デーである。博覧会の公式会誌は以下の通り、五色旗[18]の掲揚や大規模な福引、そしてラジオ放送を紹介している。

冀東デー　四月二十五日　雨

　「天下第一関」の山海関を模したる一大特設館を建設し本会に熱心協賛したる冀東政府は、本日を冀東デーとし大々的の宣伝を行へり、先づ市電市バス全部は此日、日章旗と五色旗を交叉し、本会役員係員全部も五色旗の冀東デーマークを佩用し、入場者にはゴム風船一万個を進呈すると共に先着五万名に空籤なしの福引券を贈呈せり、此景品には高価な翡翠、ハンドバック、座布団、珈琲セット等の大物を揃へ、等外全部に美麗なる絵葉書を呈し、一二等の副賞として冀東防共自治政府長官殷如耕氏の書を贈れり、尚午後七時五十分より十分間日冀交驩ラジオ放送あり、殷如耕長官はマイクを通じて全日本国民に挨拶をな

し日冀親善の益々緊密ならんことを要望する処ありたり[19]

　殷如耕の日本向けラジオ放送は、政府所在地の通州から中継され、日本放送協会の電波で全日本に流されたもので、日本語により行われた[20]。またデー当日、通州から政府秘書長の池宗墨の一行32名が来場し、各種行事に参加していた。あいにく猛烈な雨のため、冀東宣伝の飛行機もアドバルーンも飛ばなかったものの、花火は間断なくあげられた[21]。冀東防共自治政府は日本軍の傀儡政府であった。しかしながら中華民国への配慮により、日本は政府承認をせず自治機関として扱っていた。そのような中途半端な政府に対し、日本の全国民へ向けたラジオ演説を認めたことは破格の待遇と言えた。

　冀察館の展示は、品数こそ多くないものの逸品揃いであった。茶や漢方薬を除くと、完成まで10余年を費やした翡翠竪屏風、「虫魚花木皆真態を現はし施工の妙技神に入れり」と評された翡翠小屏風、後漢諸葛孔明の陣太鼓、明朝皇帝が愛用したと伝えられた大明紫檀彫龍宝座、清朝の宮内省において製作され「芸術的の神技を表したる逸品」とされた彫添雲龍屏風、など文化財で占められていた[22]。『名古屋新聞』1937年5月8日紙面は「貴重品を警戒　平津館に請願」と題して、平津館（冀察館）の貴重品を守るため「当局では万一の場合をおそれ夜間閉館後は特に請願守衛によつて厳重に警戒してゐる」の記事を載せている。この建物は、中華民国の青天白日旗を掲揚していた。

　冀察館の記念日である平津デーについて、博覧会の公式会誌は以下の通り記している。こちらも空クジなしの福引を行った。

　　時価十数万円の翡翠の指輪及び翡翠の観音像其他数十万円の豪華コレクションを擁して場内に異彩を放ちたる平津両市工商界出品陳列館は、本デーによりて一層声価を高からしめんと完璧の布陣を以て本デーを開催せり、生憎の雨天なりしが、先着入場者一万三千五百名に空籤なしの福引券を贈り、景品には支那情緒を満喫し得べき諸品を揃へて大歓迎を受けたり[23]

　活動以外に目立ったこととして開館時期があった。実は冀東館と冀察館が同時に開館した日は1日も存在しない。冀東館は汎太博の開催日から10日遅れの3月25日に開館式を行ったものの(24)、冀察館は未開館のまま会期の半分以上を過ごした。『名古屋新聞』1937年5月4日「汎太博"開かずの館"愈よ神秘の扉展く　高貴品を陳列し五旬ぶりで　興味を唆る平津館」は、平津館（冀察館）の未開館を「同館は開会当時内部陳列も終り開館を待つばかりとなつてゐたが諸種の事情によつていままで延びてゐたもので」と述べている。これだけだと諸種の事情は判然としないが、数行先に「これと同時に閉館を伝へられた冀東館は去る二、三両日休館して陳列品を一新、平津館と同時に面目を新たにしてふたゝびお目見得することとなつた」として、冀東館の存在が冀察館の未開館事情と関連あることを匂わせている。また『新愛知』1937年4月27日「汎太博に悲しき姿"開かずの館"」は、冀察館をめぐる国旗掲揚問題が未開館の原因であると指摘している。ただし同記事は青天白日旗を掲げた冀察館の写真を載せており、青天白日旗掲揚に問題はなく、他の旗、すなわち冀東館の五色旗に問題があることをうかがわせる。

　冀察館は5月6日に開館式を行い、漸く開館した。張自忠天津市長ら25名の視察団が来場したのも5月14日であった(25)。冀察館が開館すると、終日押すな押すなの賑わいとなった(26)。また5月9日からは特産品の即売を行い、さらに人気をあげていた(27)。一方、冀察館が開館するのに先立って、上記のように冀東館は閉館した。上記記事では冀察館と同時に再開館と伝えているが、そうはならなかった。『名古屋新聞』1937年5月9日「冀東館を改称　近く再開館」は、

　　平津館の連日の大人気をよそに、去る二日から閉館し"天下第一関"の額もさびしい冀東館の再開館について市当局では冀東政府代表殷実業庁長と交渉を続けてをり、市側に六日殷汝耕長官から出陳物貸与の電報があつたので館内の陳列品を一新し、館の名称も「中華民国河北省豊漂各県工商界出品陳列館」と改め、近く開館することとなつた

として改称の上で再開館する意向を報じていたが、結局再開館されなかった。

おわりに

　以上の通り汎太博における中国展示は、立派な展示施設と内容、賑やかな記念日というように大変目立っていた。とはいえ満洲事変や華北分離工作による中国の分裂状態を反映するような、分裂した展示のされ方であった。そして衝突の瀬戸際にあった日中間そして地方政権間の微妙な関係が、冀東館と冀察館の開閉館という形で博覧会展示にも反映していた。

　博覧会終了直後の1937年7月7日、日中戦争が始まった。会場跡地とその周辺は戦争のために活用され、地域開発と不況の吹き飛ばし、そして名古屋市街地の拡大という目的は達成したものの、博覧会の名称で謳ったはずの平和は遠のいた。唯一、港区役所前の平和橋のみが今日も博覧会の施設として残っている。

（１）　ここでの中国は、中華人民共和国や中華民国という国家を指すのでなく、漢族を主要な構成民族とする各地域（シンガポールを除く）の総称である。1937年の汎太博では、愛知万博開催の2005年において中華人民共和国が実効支配していた領域から、日本植民地の関東庁を含め様々な地域政府が出展していた。なおこれらの政府や展示物の名称は当事者の自称を尊重し、「」とか偽とか所謂とかの語句をつけることはしない。なおトピックスに出てくる案内女性の名称については、今日では専ら風俗業で使われる名称であることを考慮し「」をつけた。

（２）　公式記録は、株式会社電通編『財団法人2005年日本国際博覧会公式記録』同博覧会協会、2005年。

（３）　公式記録でも同上59-66頁に、会場計画案の変遷が地図入りで掲載されている。最終的には主会場を愛知県青少年公園に置き（長久手会場）、海上の森は「瀬戸会場」として自然と親しむ場となった。

（４）　直前の4月には、日本の国連常任理事国入りへの反対運動を契機として中国国内で反日デモが多発し、一部は破壊行為をともなう暴動に発展するなど、日中の政治対立は先鋭化していた。

（５）　中国館の館内概要は、前掲、株式会社電通編『財団法人2005年日本国際博覧会公式記録』178-179頁。

（6）　韓国館の受賞および館内概要は、同上 167、176-177 頁。他にカテゴリーA（大型の館で 14 館あった）ではドイツ館が金賞、スペイン館とフランス館が銀賞、イギリス館とアメリカ館が銅賞を受賞した。

（7）　各博覧会の公式記録として、第十回関西府県連合共進会事務所編『第十回関西府県連合共進会事務報告』（同事務所、1911 年）、名古屋勧業協会編『御大典奉祝名古屋博覧会総覧』（同協会、1929 年）、名古屋汎太平洋平和博覧会編『名古屋汎太平洋平和博覧会誌』（同博覧会、1938 年）、名古屋城博開催委員会編『名古屋城博報告書』（同委員会、1985 年）、世界デザイン博覧会協会編『世界デザイン博覧会　公式記録』（同協会、1990 年）がある。また名古屋で 1945 年以前に開催された博覧会について、名古屋市側で纏めたものに名古屋市博物館編『名古屋の博覧会』（同博物館、1982 年）がある。

（8）　名古屋博覧会は 1872 年にも開催されたが、前掲、名古屋市博物館編『名古屋の博覧会』28-32 頁によると開催までの経緯や博覧会の内容は不明とある。

（9）　汎太博の研究には、西尾林太郎「国際博覧会としての名古屋汎太平洋平和博覧会—その光と影—」（豊橋技術科学大学『雲雀野』23 号、2001 年、49-60 頁）や、中田平「名古屋汎太平洋平和博覧会の背景」（『金城学院大学論集人文科学編』1 巻 1・2 号、2005 年、141-158 頁）があり、特に西尾は 56 頁で翼東防共自治政府の宣伝に注目している。ただし開館時期の問題には気づいていない。

（10）　世界デザイン博覧会ではアジアから、インド政府、パキスタン回教共和国政府、韓国貿易センター、マレーシア観光開発公社、ネパール貿易振興公社、シンガポール貿易発展局、台北世界貿易センター、の出展があった（前掲、世界デザイン博覧会協会編『世界デザイン博覧会　公式記録』135-136 頁）。ただしこれらは他の海外各国、各機関からの展示とともに外国館という 1 展示施設に纏められた展示だった。

（11）　木曽から運ばれてきたヒノキ丸太を、水に浮かべて保管していた施設。木曽ヒノキは江戸時代以来、名古屋の経済を支えた重要な資源であった。跡地は白鳥駅跡地とともに世界デザイン博覧会の主会場（白鳥会場）に転用された。

（12）　前掲、名古屋汎太平洋平和博覧会編『名古屋汎太平洋平和博覧会誌』2 頁。同誌原文は各頁とも漢字カタカナ書き。

（13）　「Nakata Hantaihaku Website」という金城学院大学・中田ゼミ作成のweb サイト（http:/googledrive.com/host/0B-rnBNESWFUIWVgtWlI1VlpPUm8/index.html 最終アクセス 2014 年 4 月 21 日）が汎太博の全景と各展示館の姿をマルチメディアで示している。

(14) 翼東防共自治政府については、広中一成『ニセチャイナ 一中共傀儡政権 満州・蒙疆・翼東・臨時・維新・南京一』(社会評論社、2013年)の第3章「翼東防共自治政府(翼東政府)」が詳しい。232-235頁には汎太博への出展を紹介しており、234頁には「翼東デー期間中、名古屋で開催された翼東時局講演会で熱弁を振るう池宗墨」の写真が載る。

(15) 前掲、名古屋汎太平洋平和博覧会編『名古屋汎太平洋平和博覧会誌』1785頁には、1936年11月17日に「冀察政府特設館設置決定せる旨小林天津名古屋商品紹介所長より来電あり」、同11月19日に「冀東政府特設館設置決定せる旨小林天津名古屋商品紹介所長よりの通知に接せり」と記されている。

(16) 前掲、第十回関西府県連合共進会事務所編『第十回関西府県連合共進会事務報告』112-113頁。

(17) 前掲、名古屋汎太平洋平和博覧会編『名古屋汎太平洋平和博覧会誌』1340-1370頁。

(18) 冀東防共自治政府は、1928年以降の中華民国が使用していた青天白日旗でなく、それ以前に中華民国が使用していた五色旗を公式の旗としていた。

(19) 前掲、名古屋汎太平洋平和博覧会編『名古屋汎太平洋平和博覧会誌』374-375頁。交驩は交歓と同義。なお4月25日は大阪デーと朝鮮デーでもあった。同上、375頁。

(20) 殷如耕の演説原稿は同上、360-363頁に掲載されている。殷も池宗墨も日本語に巧みであった。

(21) 『名古屋新聞』1937年4月26日「汎太博冀東デー 政府の視察団大挙会場へ」。

(22) 前掲、名古屋汎太平洋平和博覧会編『名古屋汎太平洋平和博覧会誌』1371-1376頁。

(23) 同上、380頁。文字上のママは著者付加。なお5月26日は南阿連邦(南アフリカ連邦)デーでもあった。同上、380頁。

(24) 同上、1791頁。なお同頁によれば、蘭領印度館も政府代表の来場を待って3月21日に開館式を挙行した。

(25) 同上、1798頁。

(26) 『名古屋新聞』1937年5月7日には、冀察館へ殺到する人々の写真が掲載されている。

(27) 『名古屋新聞』1937年5月9日「平津館特産品即売」。

トピックス：大阪万博の記録映像で見た中国

　「人類の進歩と調和」をテーマとして1970年3月14日から9月13日まで開催された大阪万博（正式名称は日本万国博覧会）は、日本初の国際博覧会であった。来場者は6421万人に達し、日本の高度経済成長と国際的地位向上を象徴する催しとなった。

　愛知万博に際して、NHKは過去の万博を特集したミニ番組を多数放送した。水晶宮を建設した1851年のロンドン万博や、エッフェル塔を建設した1889年のパリ万博の特集もあったが、2005年2月25日に東海地方のNHKが放送した「東海アーカイブス」は、「35年前の開会式」と題し、大阪万博開会式の記録映像を9分弱に編集紹介していた。

　開会式では最初に77カ国の参加各国を紹介する入場行進があり、国旗とともに「ホステスさん」と称する各会場の案内女性が登場し、その国の言葉で「こんにちわ」と挨拶していた。映像ではカナダ（1967年にモントリオールで万博を開催）、韓国、アメリカなどとともにベトナムと中国が紹介されていた。アオザイという民族衣装を着た「ホステスさん」が挨拶したベトナムの紹介では、ベトナム共和国という正式名称でなく「南ベトナム」という字幕とともに「戦火の中から参加してくれました」とのアナウンス（字幕、アナウンスとも1970年当時のもの）が入り、ベトナム戦争の最中であることを印象づけていた。一方、チャイナドレスを来た「ホステスさん」が挨拶した中国の紹介では字幕には「中華民国」とあった。中華人民共和国が国連に加入し、中華民国が脱退するのは1971年であり、1970年に中国と称して国際博覧会に参加した団体は、台湾から来た中華民国に他ならなかった。この万博が1975年に崩壊した南ベトナムにとって最後に参加した国際博覧会となった。中華民国にとっても、その名称で最後に参加した国際博覧会であり、以降は台湾、台北、中華台北、中国台北、台澎金馬など、催しの内容と参加者間の力関係により様々な名称を使い分けることとなる。

　開会式の映像はこの後、佐藤首相（当時、財団法人日本万国博覧会協会の名誉会長）の挨拶、昭和天皇の言葉、ファンファーレと祝砲、皇太子（現天皇）のスイッチによるくす球割りというお決まりの行事が続くが、その次は大型ロボ

176

ットが電子音楽（アナウンスのママ）と良い香りとともに出てくるという、いかにも 1970 年当時の未来感覚を示す演出だった。

　大阪万博から 40 年。確かにこの 40 年の間に人類は（少なくとも科学技術において）多大な進歩を遂げた。しかしながら調和（中国語で和諧）はどうだろうか。

第10章　日本：1970年代の中国展

泉 谷 陽 子

はじめに

　1972年9月29日に日中の国交が正常化されてから、中国で改革開放が始まる1978年まで、日中の経済関係は「ベールを脱いだ相手を互いに知ろうと努力し模索する時代」[1]であった。そうした模索の一つが訪中団の派遣や中国からの訪日団の受け入れであり、もう一つが双方の国で相手国の経済や産業を紹介する展覧会の開催であった[2]。本章でとりあげるのは後者を代表する「中華人民共和国展覧会」（以下中国展と略記）である。これは国交正常化後に初めて開催された中国に関する総合的な大規模展覧会であり、1974年7〜8月にまず大阪（会場は万博記念公園、会期30日間、入場者数260万6320人、以下同様）で、9〜10月に東京（晴海の国際見本市会場、21日間、約138万2000人）で開催され、3年後の1977年には、5月の名古屋（金城埠頭の国際展示場、20日間、131万2667人）を皮切りに、7〜8月に札幌（北海道立産業共進会場、22日間、64万2169人）、9〜10月に北九州（西日本総合展示場、27日間、101万1323人）と三都市で開催された。

　「リトル万博」[3]と呼ばれるほど多くの参観者を集めた大規模なイベントであったにもかかわらず、現在では記憶している者も少なく、専門の研究もない。そこで、本章では中国展の「報告書・記録」[4]をもとに、開催に至る経緯や展示内容等を概観するとともにアンケート調査や新聞雑誌の記事等から、当時の日本人が中国展をどう見て、何を感じたのかを探りたい。それらを通じて当時の日本人の中国への関心のありようの一端が明らかになるであろう。

1. 開催までの経緯

　1971 年、米中接近という歴史的大転換をうけ、関西の財界は、同年 9 月、「関西財界訪中団」を組織し初訪中を果たすなど、いち早く中国に接近し、交流の機会を探っていた。その一環として総合的展覧会の開催という話が持ち上がる。

　1972 年 7 月 29 日、上海舞劇団の団長として来日中だった中日友好協会の孫平化副秘書長と中国問題懇談会（座長は佐伯勇大阪商工会議所会頭）との懇談が行われた際、日本側から開催の要請をおこない、孫氏は「国内に持ち帰り検討する」と回答した。9 月、佐伯会頭は関西財界五団体連名の「中国大博覧会開催に関する要望」という形で「中国博」構想を発表した(5)。

　10 月 6 日、中日備忘録貿易弁事所駐東京連絡所の肖向前首席代表との懇談会席上で再度要請がおこなわれ、肖氏も「万博会場を使えば開催は難しくないだろう」と理解を示した。

　1973 年 1 月、訪中した中曽根通産大臣と廖承志中日友好協会会長との懇談会でも、中国側は「前向きに検討している」とした。こうして 2 月 18 日にようやく、中国側は開催の正式決定を回答したが、「内容、時期、名称はなお検討中」であった(6)。

　中国側への要請活動と同時に、大阪では受け入れ体制の準備も進められた。1973 年 1 月、「中国博専門委員会」が設置され（第 1 回委員会は 1 月 23 日）、2 月には大阪府知事、大阪市長、関西経済団体代表者ならびに政府出先機関代表者からなる「中国博推進懇談会」が設置された（第 1 回は 2 月 13 日）(7)。なお、大阪財界が構想・提唱した時点での名称は、「中国展」ではなく「中国博覧会」であった。名称とはこのイベントをどう性格づけるかという重要な問題であるが、当初より日中双方には意見の隔たりが存在していた。時事通信社の『時事解説』ではつぎのように説明している。

　「当初佐伯氏の頭に描かれていたのは、経済貿易展のようなものではなく、日中国交回復と、中国建国 25 周年を記念して、古代から現代までの中国のすべてを網らした、万国博覧会のいわば中国版であった。中国と大阪は古く

からなじみなのに、パンダが素通りして東京に持っていかれたことも、対抗意識として加わっていたことは否めない」[8]。

　また、「最初から日本側の希望と中国側の意向とがかみ合わ」ず、名称、展示内容、入場料の問題が持ち上がったが、その原因は、日本側の関係者に万博の大成功という前例があり、中国展に期待をかけすぎたことであり、「要するに、スタートからまるで発想の次元が違っていた」[9]とも述べている。

　この三つの問題について少しくわしくみてみよう。

まず、名称について。中国側は当初「中国経済貿易展覧会」を主張し、日本側は「中国博覧会」を提案していた。結局、「経済貿易展」では日中国交正常化後に初めて開かれる大型の総合展覧会の名称として適当でないという日本側の主張をいれ、また、一般的な見本市と区別するため「中華人民共和国展覧会」という呼称に落ち着いた[10]。しかし、後述するように展示品の大多数は産業関連が占め、実質的には「経済貿易展」となってしまった。あくまで中国主催の展覧会であり、中国側の意向が強く反映されたのである。

　つぎに展示内容について。日本側は当初「日中国民の文化交流と経済発展に寄与しうる総合博覧会を望」み、つぎのような提案をおこなっていた[11]。①一般展示、②中国美術展、③中国文化大講演会の開催、④体育活動の紹介、スポーツ交流、⑤中国物産の展示、⑥その他（パンダ、針麻酔、囲碁大会、民俗芸能、映画、雑技、中国料理、図書・書画などの販売）。これを実際の内容と比較すると文化や芸術に関するものが多く、中国の伝統文化や芸術に対する日本人の根強い関心を示している。

　とくに日本側が強く期待し、再三要望したのは出土文物の展示であった。しかし、「北京原人から故宮博物館所蔵品まで含め、約 100 点の希望リストを北京に持ち込んで出展を要請したが成功しなかった」[12]。

　中国側は展示不可の理由をつぎのように説明した。「展覧会の主旨はおもに文化大革命後に中国が自主独立、自力更生の精神に基づいて経済、社会、文化など各分野において発展してきた成果を広く日本国民に紹介することであること、中国では現在古いものが何でもよいという意見が批判されているので、出土文物をのぞむ日本の主張は理解できるが、中国側の気持ちも察し

てほしい」⁽¹³⁾。

　当時、中国では「『批林批孔』運動で古いものに対する中国内の評価が微妙にゆらいでいる最中」⁽¹⁴⁾であった。米中和解、日中国交正常化と外交的には大きな転換を果たした後ではあったが、国内ではまだ文革が終結しておらず、国内の政治情勢は非常に複雑であった。こうした事情を日本側はあまり理解していなかったように思われる。

　壮大なお祭りとして開催された「大阪万博」が念頭にあった日本側に対し、中国側は「お祭りムードをあおり立てる誇大宣伝や観客動員をやってもらっては困る」という考え方であり、万博会場の「太陽の塔」にも「印象が強すぎる」と難色を示した⁽¹⁵⁾。

　結局、期待していた出土文物の展示が拒否され、里井事務局長は「華やかな展示品がないので、万国博並みにレジャー気分でくる人は失望するかもしれない。展覧会を通して、国づくり一本に打ち込んでいる中国の現状をハダで感じとってもらい、本当の豊かさとは何か、日本の現実の生活に照らし合わせてみるとき反省させられることになろう」と「精神論を強調」した⁽¹⁶⁾。しかし、ふたを開けてみれば、関係者の心配をよそに連日の大盛況となった。「中国の現状をハダで感じ」よう、「中国を見よう⁽¹⁷⁾」とした人が予想外に大勢いたのである。

　最後に入場料について。低廉な入場料を徴収したいとの日本側の提案に、中国側はそれまで全世界で170回開いた展覧会はすべて無料であるから、新しいケースとして検討が必要であると慎重だった。日本側は7200㎡の仮設展示館を建設するために巨額な経費が必要であることなどを理由としてあげ、ようやく同意を得た⁽¹⁸⁾。名称問題からもうかがえたが、これまでにない大規模な展覧会を望んだ日本に対し、中国側は従来の展覧会と同レベルにしかとらえていなかったことがわかる。

2.　1974年中国展　——大阪・東京

　国交正常化後最初の開催で、その後の中国展の原型となった大阪展を中心に、施設や展示内容などをみてみよう。

（1）会場施設(19)

　大阪展は1970年に「大阪万博」が開催された万博記念公園が会場となった。入口正面には朱色の牌楼や展示場内の大小の赤ちょうちんが中国らしい雰囲気を演出していた。会場施設の構成・展示面積・内容は以下の通りである。

中国展シンボルマーク
出典：『中華人民共和国展覧会記録：東京』126頁

①第1展示館　7200㎡

　　第1部門　日中友好　500㎡

　　第2部門　農林漁業部門　1500㎡

　　第3部門　重工業部門　3500㎡

　第4部門　軽工業・紡績部門　1500㎡

②第2展示館 4500㎡

　第5部門　手工芸品部門　2000㎡

　第6部門　文化部門　2500㎡

③劇場（万博記念ホール）客席約1400　各種映画の上映

④記念即売場3か所

⑤その他

　各部門の展示面積の比率をみると、日中友好4.3％、農林漁業13％、重工業30.4％、軽工業・紡績13％、手工芸品17.4％、文化21.7％となり、重工業の展示が最も広かったことがわかる。

　日中友好部門は展示面積こそ少ないが、第一展示場の入口に配置され「日中友好」のためという中国展の性格を強く印象付けた。会場に入るとすぐに両国の国旗とともに「中日両国人民世世代代友好下去（中日両国人民は、子々孫々に至るまで、友好的につきあっていこう）」というスローガンが目に付くように掲げられ、友好ムードを盛り上げていた。

　ついでに1977年のスローガンをみてみると、先の「世世代代友好」とともに名古屋では「広げよう友好の輪を」、北海道展では「你好！友好の炎を！」、北九州展のスローガンは「新しい中国をみよう」だったが、「理解がひろげる友好の輪」や「見て知って友好伸ばす中国展」という言葉も添えられており、やはり日中友好を前面に押し出していた。

（2）展示品[20]

　表1からわかるように、工芸品をのぞいた出展数は9534、最多の項目は書籍の2192、ついで紡織品1364、軽工業品1324、機械・計測器1273とつづく。容積が小さく軽量な書籍や紡織品が多いのは当然として、かさばり重量もある機械類の出展数が多いのは、中国の工業化の成果を見せたいという主催者の強い意図が感じられる。

　また、この表にはないが、中日友好部門では、毛沢東と田中首相が握手をしている日中国交回復を象徴する写真をはじめ、国交回復前後の状況を中心に友好往来の歴史が160点におよぶ写真とパネルで紹介された。

表 1　展示品目の内容と出展数一覧

項目	展示品内容	出展数
冶金	120 トン酸素上吹き転炉などの模型、車輪、各種冶金製品、加工金属サンプル	343
石油石炭化学	大慶油田などの模型、各種石油石炭化学工業製品	431
建材	新しい広州交易会会場・労働者住宅・体育館などの模型、ガラス・大理石・雲母・タイルなどの建築材料	134
水利事業	漢江の丹江口水利センター・海河治水工事などの治水事業・水力発電所の模型	4
交通	南京長江大橋の模型、車・船の模型	14
機械・計測器	工作機械、一般機械、モーター、電気機器、計測器、測定工具、農業機械、研磨切削機器など	1273
医療	X線機器、ペースメーカー、各種手術機器、針麻酔機器など	32
船舶	貨客船・タンカー・砕氷船・浚渫船・掘削船などの模型	11
電子通信	ラジオ、電子通信機器、電子計算機など	97
農業	大寨人民公社・浙江省の実例の模型、農業・牧畜業・漁業の各種産品	770
書画	中国画・書道作品、陝西省戸県の農民画 170 点余り	103
軽工業品	陶磁器、アルミ製品、玩具、スポーツ用品、時計、化粧品、自転車、ミシン、籐・竹製品、ガラス器、家具、楽器、文具など	1324
紡織品	絹、綿布、ナイロン、衣服、ニット製品、寝具用品など	1364
土畜産品	茶葉、じゅうたん、皮製品、漢方薬、乾燥果物、たばこ、うるし、まつやになど	724
工芸品	象牙・玉・石・竹・木の彫刻品、磁器、筆、墨、すずり、紙、刺繍など	
北京工芸品	象牙・玉・石の彫刻品、七宝製品、堆朱製品、香料入れ、絹製品、銅・鉄器など	366
北京装飾品	各種金・銀・玉・石のアクセサリー	104
食品	果物の砂糖漬、ビスケット、酒、缶詰、中華料理材料、塩など	174
書籍	各種書籍、レコード、楽譜、雑誌、軸など	2192
切手	各種切手	74
計		9534

出典：『中華人民共和国展覧会記録：東京』104-105 頁

（3）入場者数

大阪展の入場者数は 260 万 6320 人[21]、東京展では 138 万人[22]、両者あわせて約 400 万人もの人々が参観するという盛況ぶりで、日本で開催された中国主催の展覧会として最高記録を更新した[23]。大阪展の李団長は閉幕時に「中国国際貿易促進委員会は、設立以来 25 年間に世界五大州の国ぐにで 170 回以上の展覧会を開催してきたが、こんな大多数の参観者のあった展覧会は、はじめてである」[24]と述べている。

（4）記念即売

　記念即売は開門と同時に観客が押し掛け、即売場への入場を制限せざるをえないほどの人気を博した[25]。「朝早くおいでになる方にはショッピングめあての方が多いよう」と顔をしかめる関係者もいた[26]。

　とくに人気があったのは、タバコやお酒、食料品などで、中国製タバコは 7 種セットを買い求める観客で連日長蛇の列ができ、販売時間を繰り上げたり、観客 1 人に 2 種ずつ販売するなどの措置がとられた。

　大阪での記念即売の売り上げ高は 15 億 4695.2 万円、一人当たりの金額は 594 円で協会の予想額 342 円を大きく上回った[27]。東京展でも売り上げは好評で、21 日間で 8 億 6 千万円を売り上げ、当初輸入した商品は大部分消化してしまい、さらに相当量の国内手持の商品を追加補充して対処した[28]。

　『東京展記録』では、「今回の記念即売は、これまでにない大規模なものであったが、好成績をおさめ、中国商品の紹介にも役割を果たし、今後の日中貿易の促進にとっても大きな成果をおさめることとなった」と評価している[29]。

　また前年のオイルショック以降の「狂乱物価」が人々に安い品を追い求める傾向をもたらしていたことも人気の背景にあった[30]。

（5）公演・映画上映

　大阪展では、上海曲技団の公演が行われた。1 日 2 回連日 1500 席が満席となり、立見席 200 席も設けた。7 月 13 日から 18 日まで 6 日間 11 公演

で 1 万 6782 人が参観した。

　公演終了後は、中国映画の上映が行われた。7 月 19 日から 8 月 11 日まで 26 日間 1 日 4 回。混雑を避けるため 1300 人前後で入場制限をかけた。入場者は約 12 万人で総入場者の約 5％が鑑賞したことになる。日本語の吹き替えや字幕がない作品もあり、かならずしも観客に理解しやすいものばかりではなかったが、「中国の曲技」「瀋陽の曲技団」「考古学の新しい発見（馬王堆）」「針麻酔」「バレー劇・白毛女」といった日本になじみのあるものは人気があった[31]。

　東京展では中国少年武術代表団の公演が行われた。9 歳から 17 歳までの少年達による中国武術の公演は人気をよび、9 月 20 日から 26 日までの 7 日間と 10 月 6 日から 10 日までの 5 日間で 3 万 6 千人余りの観客を集めた[32]。

　東京展でも映画上映が行われ、21 作品がのべ 88 回上映され、4 万 8666 人が鑑賞した。とくに話題になったのは「針麻酔」「馬王堆」「タンザニア鉄道（中国の援助を紹介したもの）」[33]。日本が当初要望していた出土文物にはこの「馬王堆」の発掘物も含まれていたが、前述したように出展されず、記録映画で補う形となった。

（6）交流活動
　展覧会に付随して、中国展覧団と日本の各種団体との交流活動も活発に行われた。北九州展の例をあげると、官公庁・議会関係 26 件、教育および中国語講座関係者など市民団体 57 件、経済団体 9 件、労働団体 12 件、日中友好団体 22 件、企業関係 18 件、学校 6 件、公民館 3 件など、合わせて 171 件、3886 人の多数にのぼった。北九州市からは遠い大分、宮崎などからも「このチャンスを捕えてぜひ交流の足掛かりを作りたいと参観や交流を申し入れた団体」が多かった[34]。

　また、会場内でも交流の花が開いた。「技術者らしい入場者が、機器の横に立っている日本人の説明員に質問していると、近くの中国人の係員も一緒になって細かく説明しているーという図も各所で見られ」、「こうした民間レベル、国民レベルの交流があったことだろう」[35]。ただし、一日数万人に

ものぼる参観者にくらべて、解説員の数は圧倒的に少なく、会場での交流は限定的にならざるをえなかった。このため、後述するように直接的な触れ合いがなくて残念だったという意見が寄せられることになった。

3. 1977年中国展 ——名古屋・北海道・北九州

（1）開催までの経緯

　これまでみてきたように、1974年の中国展は非常に多くの参観者を集める大変成功したイベントとなった。これに触発され、ほかの地域でも中国展を誘致しようという動きが現われる。早かったのは名古屋市と北九州市である。名古屋では「1974年11月、国貿促東海総局会長に新しく就任した石井健一郎氏が訪中し、中国国貿促の王耀庭主任に口頭で申し入れしたのが始まり。同年夏の大阪と東京での成功をみて『名古屋でもぜひ』という話が出た」[36]。両市は1974年秋頃から構想しはじめ、数回にわたり中国側に開催の要望書を提出したが、正式決定の返事は1976年夏まで待たされた。とくに北九州市などは、東京展なみの規模の会場が必要だと考え、西日本総合展示場の建設に着手するなど、受け入れ準備を整えて中国側にアピールした[37]。

　北海道もやや遅れて1975年6月から誘致活動を始め、名古屋・北九州と同じ1976年に正式決定の返事を得た[38]。北海道は誘致開始からちょうど一年たったころで、名古屋・北九州に比べ短期間で誘致に成功したといえる。北海道という地が中国主催の展覧会にとって未開拓地であったこと、また当時中国はソ連への対抗を強く打ち出しており、北方領土問題などにもしばしば言及しており、北海道民へ日中友好を訴えることに政治的意義があると考えたのかもしれない。さらに北海道展に関しては、地元の経済状況を考慮して、借館料・宣伝費を中国側が負担することや展示面積の縮小なども提案しており、ほかの都市にはない中国側の積極的姿勢が目立った[39]。

　一方、北九州と名古屋での開催がなかなか決定しなかった理由としては、1975年3月、名古屋を訪れた中国国貿促の李副主任が、1976年開催を求

北海道での中国展・開幕式
出典：『中華人民共和国展覧会報告書：北海道』口絵

める地元に対し、「できるだけ希望に沿いたい」が、1976 年はすでに世界
各地での開催予定地が決定しており、1977 年以降でなければできない[40]、
と述べている。当時、中国展は世界的にひっぱりだこのイベントであり、前
年に開催したばかりの日本で間をおかずに開催する必要を中国側が感じてい
なかったとみえる。

　中国側の熱意の低さは、名古屋側が「大阪、東京に負けない規模」を望
み、展示場面積で大阪の 1 万 1 千㎡、東京の 1 万 2 千㎡を上回る 1 万 5 千
㎡を提示していたのに対し、中国側の希望は約 5 千㎡程度と大阪・東京の
半分以下を申し入れてきた[41]、ということからも見て取れる。

（2）1974 年中国展との比較
　1977 年の展示構成や内容、方向性は基本的に 1974 年の中国展を踏襲し
ていた。展示は日中友好・農業・軽工業・重工業・手工業・文化の 6 部門、
劇場で公演[42]と映画上映、そして記念即売がおこなわれたのも同じである。

　展示内容について名古屋側は展覧会の成功のためには、「とくに沢山の人々がこれだけはせひ見たいと思うような中心的なモノの出品を考えてほしい[43]」と中国側に要望したが、とくにこれといった目玉品が用意されたわけではなかった。この点でも目玉として出土文物の出展を強く希望した大阪側の要請を断り、実質的に「産業見本市」となった 1974 年と同様であった。

　とはいえ、1974 年と比較して異なる点もいくつか存在した。まず、展示部門ごとの比重が少し異なる。各部門の比重を 1974 年・77 年の順に並べてみると日中友好 4％・4％、農業 13％・18％、軽工業 13％・24％、重工業 30％・32％、手工業 17％・16％、文化 22％・6％となる。重工業が約 3 割と一番重視されていることに変わりはないが、1977 年では文化部門が大幅に縮小したぶん、軽工業部門が大幅に増え、農業部門も増えている。農業では 1974 年でも「農業は大寨を学べ」のスローガンとともに大寨等の模型が展示されていたが、1977 年では、そのほかに石家荘地区のパネルや模型があらたに加わりいっそう力が入れられた。石家荘は華国鋒主席の指導下で進められた「大寨式の県」を普及する運動のモデル地区であり[44]、華国鋒政権の成果を強調する展示であった。

　このほか、日中友好部門では華国鋒主席のパネル等が加わり、文化部門では刊行されたばかりの『毛沢東選集』第 5 巻が展示され、また即売場で販売も行われた。工業部門でも 1974 年にはなかったテレビが軽工業部門に出展されるなど前回から 3 年間の成長ぶりを演出した。また、1974 年に国連本部に寄贈したのと同じ、万里の長城を描いた大型緞通や天壇の大型緞通などは目玉がないなかで人気を集めた展示品であった[45]。

　前述したように、1977 年展もとくに大きな目玉があったわけでもなく、前回と展示構成・内容ともにあまり変化がなかったにもかかわらず、大きな成功をおさめた。とくに北海道展では 30 万人の予測の倍以上、64 万人余りの参観者があった。地理的条件から道外からの来場者は少なく、参観者はほぼ道民であり、道民の 8 人に 1 人がこの中国展に足を運んだ計算になる。名古屋も目標の 80 万人を大幅に上回る 131 万人余り、北九州は目標 100 万人を若干上回る程度（101 万人）であったが、三都市ともに目標を達成し

た。成功の要因はどこにあったのか。イベントにつきものの組織的動員とい
う要因ももちろんあったが、それだけでは数百万人もの観客は集まらないだ
ろう。次節では参観者が何を求めてやってきて、また展示をどのように見た
のか探ってみたい。

4．日本社会の反響

（1）アンケート調査

　大阪展と北海道展では入場者にアンケート調査を実施した。まず、比較的
詳しい調査結果がある大阪展からみてみよう[46]。

　大阪では 8 月 4 日からの 3 日間、中学生以上の男女 1059 人に対して調
査を実施した。展示に関する評価と展覧会全体への評価に関する質問に対す
る回答結果が図 1〜5 である。

図 1　興味を持った展示物 1
　　　（回収数を 100 とした％）

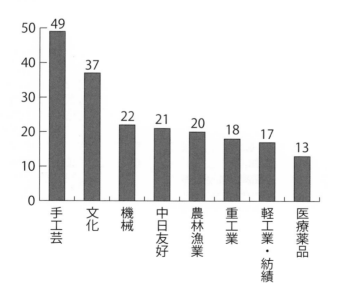

図2　興味を持った展示物2
　　　（回収数を 100 とした％）

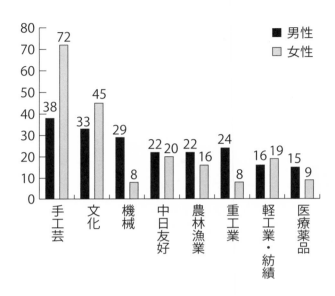

図3　展示場全体の印象

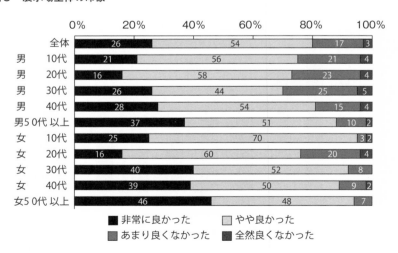

図4　展覧会によって中国が理解できたか

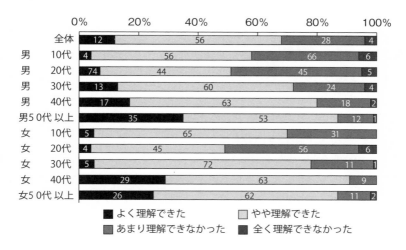

図5　展覧会は期待通りだったか

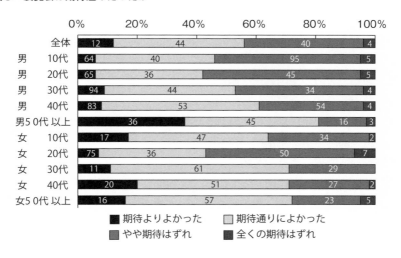

興味を持った展示物では、手工芸が圧倒的に多く、ついで文化、機械、中日友好の順となっている。男女に傾向の差がややみられるが、手工芸・文化はどちらでも高い数字となっている。

展示全体の印象では、全体で「非常に良かった」「やや良かった」があわせて80％と総じて好評であったことがわかる。世代別にみると男女ともに50代以上で評価が最も高い。

「展覧会によって中国が理解できたか」という設問に対しては、全体で7割近くが「理解できた」と回答している。ただし男女ともに20代で「あまりできなかった」「まったくできなかった」が約半数を占め、50代以上の高齢者では「理解できた」と回答する人が多い。冷戦下で長期にわたり国交がなかったことが、若い世代の理解不足に影響したのかもしれない。

「展覧会が期待通りだったか」という設問には、全体で「期待以上」「期待通り」との高評価が半数以上を占めた。年代別では高年齢層ほど評価が高く、20代男性の59％、20代女性の57％が「やや期待はずれ」「まったくの期待はずれ」と厳しい評価を下している。「理解できなかった」と答えた20代が多かったこととあわせると、未知の国中国を知ろうとする気持ちがほかの世代より強かったが、それがかなわず期待はずれと感じたのかもしれない。

個別回答をみてみると、「よかった理由」として以下があげられている。

1、中国発展の現状がよく表現されていた。

2、勤勉、努力の中国人民を眼前でみた。すばらしい成果だ。

3、新中国を知った。新しい中国を知った。

4、機械部門が予想以上にすぐれていた。

5、農業部門、重工業部門がすぐれていた。

6、彫刻、刺繍、手芸、美術工芸品がすばらしかった。

逆に「よくなかった理由」としてはつぎのような点があげられている。

1、人民の生活、言葉、食生活など中国人について知りたかった。

2、中国人と接触したかった。人的交流がなかった。

3、古代文化をもっとみたかった。

4、実演がほしかった。

５、平面的、画一的だった。

20 代の若者が中国展を「期待はずれ」とする理由はこうした点であったのだろう。中国の公式見解、中国が見せたいものを見るだけでは飽き足らず、より一般の人々の生活を知りたい、実際に交流したい、という要望が強かったといえる。

北海道展では 7 月 28 日から 8 月 6 日までアンケート調査を実施し、992 人から回答を得た[47]。回答の結果は大阪展とほぼ同様で、おおむね好評であった。

「中国を理解できたか」という設問には 72％が「できた」と答え、中国展を見たことで「中国へ行ってみたいと思った」人が 92％にのぼった。大阪展でも手工芸品は人気だったが、「興味を持った部門」で手工芸品部門が 81％とさらに高い数字となった。1977 年展では大型緞通や象牙彫り、両面刺繍の実演などが話題になっており、これらの印象がより強く残ったのだと思われる。

全体として「中国展は期待に応えて良かった」(81％)、「施設や観客サービスが良かった」(91％) と高評価であったが、「家庭や学校での生活の様子がもっとあればよかった」「中国の人と話をしたかった」「通訳をもっと増やしてほしい」などという意見もあった。やはり日本の観客が見たかったのは、もっと生活に密着した内容であり、公式見解ではない実態を知りたいという欲求が強かったといえるだろう。

（2）新聞・雑誌の記事

つぎに、新聞・雑誌の記事から、人々が中国展をどのように見ていたかわかる部分を抜粋してみよう。

① 「ゆるぎない友好確立の場に　一大阪中国展を見て」日本貿易振興会『海外市場』第 24 巻第 275 号 (1974 年 9 月)

　同展開催前には「中国の商業見本市にすぎない」との陰口もきかれていたらしいが、幕を開けたら "日中両国は一衣帯水の隣邦" との共同意識からか、中

国の素顔をまのあたりに見て、驚き感激する人々の表情が印象的であった。

　駆け足の見学ではあったが、同展覧会のフンイキはなごやかという一語に尽きよう。つい最近まで、近くて遠い国であった中国をまのあたりに見る喜びと興奮で満ちあふれているのである。

②「中国展の見どころとお買いドク品！」『主婦と生活』第29巻第11号（1974年9月）

　これは記者が地元吹田市在住の愛読者2人（女性）と会場を回った際のレポートである。

　ゲートが開かれると、ほとんどの人は、まっすぐ即売場へ。「わたし、今日で二度目ですねん。この間すてきなひすいの指輪を見ておいたから、今日買うて帰ります」藤山さん（28才）は、笑ってポンとバッグをたたく。大村さん（32才）は、ご主人のために、本場ものの薬用酒と、ハリ治療に使う器具セットがお目あてだという。

　買い物をすませた2人は会場見学へむかうが、「中国人民の生活ぶりを展示したコーナー」での会話が、主婦としての実感がこもっていて面白い。

　「住宅事情はどうなのかしら？」「所得税はゼロなんやて！物がいくらあっても、いまみたいな日本は暮らしにくくてかなわんわ！」「ほんとに、どっちの国が豊かなのかわからないわね！」

　また「婦人は天の半分を支える」というスローガンのもとに、婦人の社会進出が進み地位向上したという展示内容から「わたしたちのいっている女らしさっていったい何やろか？」とも発言している。当時の中国における「男女平等」はあくまで公式見解であり、現実は女性に対するさまざまな抑圧があったのだが、中国を鏡にして日本社会のあり方を省みるという姿勢が一般女性にも見られた点が興味深い。

③「中国展をどう見るか」『中部財界』第 17 巻第 12 号（1974 年 9 月）

　この記事の作者は、展示品の中に「目玉商品」がないことから、「展示品の『目玉』を求め、建物の外観に見とれ、美術品を金額で評価したりする日本人の感覚からすれば、いささかもの足りないかもしれない」。「『あまり魅力がなさそうだ』『見るものがないではないか』など失望の声も一部に聞かれた」が、かえってそれがよかったと主張している。

　展示品リストの中には、予想されたことではあったが、北京原人や古美術品類は含まれていなかった。その方が、むしろよかったのではないかと私は思う。なぜか　一仮に、北京原人が出展されたとしよう。おそらく目の色をかえた見物客がワンサと押しかけるだろう。「パンダ」や「モナリザ」と同様に長ダの行列が出来ることだろう。その結果はどうか。「北京原人は見たが、中国展は見なかった」というのがオチだ。

　世にいうエコノミック・アニマルは一点集中主義、興味をひくものがあれば「ソレ！」とばかり、前後のみさかいもなく走り出す。

　そういうことのないように、中国の現状をまずマクロ的に理解することが大切。中国展はいわばそのための“ティーチ・イン”でもある。

　中国展の見方としては現代中国の姿を学ぶ、あるいは「学習」するという態度が最もふさわしいような気がする。

④「中国展雑感」日本電子機械工業会『電子』第 14 巻第 11 号（1974 年 11 月）

数多く出展された機械類を専門家はどう見たか。

　電子機器の中で、最もエレクトロニクス関係者の目をひいたのは電子計算機であろう。

　電算機の外にも、数多くの電子機器が展示されていた。説明版から驚かされ

たのは電子交換機である。わが国でさえ、電子交換機が実用段階に入ったばかりなのにと、ちょっと信じかねた。

　展示されていた機器の中には、その性能において物足りないもの、あるいは機構上あか抜けないものもあったが、かなりの水準に達しているといえよう。

また、文化・工芸品部門についても言及している。

　2号館はもっぱら美術工芸品で、西陣に匹敵するどんすから、焼き物、彫刻、書画と中国伝統の作品で埋まっていた。筆者が急ぎ足で通り過ぎる間にも、そここで感嘆の声を耳にした。
　これらの美術工芸品のち密さは、とても今日の日本では想像できない根気のよさというか、粘り強さによるものという他ない。

　この辺に、中国の自力更生が着々と成果を挙げるもとがあるのではなからうか。それに引き換え、わが国はアメリカ流の消費が美徳といった風潮がまん延して、長い歴史により育てられた多くのクラフトが滅びようとしている。

　科学技術の面ならば日本のほうが上だが、伝統の技が生き続け、それが自力更生の土壌となっていることに敬服し、それと同時に日本の効率や消費一辺倒のあり方を自省している。
　こうした日本のあり方を自省する材料として中国をみる態度は「友好深めた「中国展覧会」―学ぶべき農業と工業の調和」（『東邦経済』第44巻第11号、1974年11月）などに散見されるが、つぎにあげる記事では「文明の体系」という、より大きな視点を提起している。

⑤吉田光邦（京大人文研助教授）「中国展によせる―中国文明の体系の意味に注目」大阪商工会議所『chamber』第271号（1974年7・8月）

　新しい中国の建設は、まさしく20世紀の人類史に、大きな問題を投げかけた

実験国家として記録されることになるだろう。

　　工業、軽工業、農業と分類されての展示は、中国のめざす独自の工業化の動
　きをしめすものとして興味ぶかい。日本の近代化、工業化は、農業社会から工
　業社会へとの図式をもってなされた。しかし中国の工業化は、有名な「農業を
　基礎とし工業を導き手とする」という方針によってすすめられる。

　こうして、吉田氏は農業を基礎とし、手仕事を大切にする中国に対比させ
て、日本の工業化や農政を批判するのだが、毛沢東時代の公式見解が実際と
はかけ離れていたことがわかった現在からみれば、あまりに素直に受け取っ
ているといえよう。ただし、当時は有識者であっても中国の現実の姿を把握
することは難しい状況にあり、また中国展がそうした公式見解を広めること
に一定の役割を果たしていたのである。

⑥竹内実「中国展に見る現代中国」『毎日新聞』1974 年 8 月 5 日夕刊

　この記事では、陝西省戸県の農民が描いた「農民画」を紹介し、それを見
た日本人の反応から考察をおこなっている。

　　多面的な展示のなかでも、第二展示場の農民の描いた絵画が、興味ある問題
　をはらんでいるようにおもえた。(略)
　　作品は「一家そろって公報の学習」という題である。娘だろうか、嫁だろう
　か、若い女性が、新聞を読みあげており、それをおやじらしい男が聞いている。
　その二人をかこむようにして、母親や弟といった家族が、やはり眼をかがやか
　せて聞いている。(略)
　　これは一家だんらんの図であるが、そこで読みあげられている「公報」とは
　林彪に逆賊のレッテルを貼った昨年八月の、中共第十回党大会の新聞コミュニ
　ケにほかならない。これは、そのテーマからいえば、きわめて政治的なのであ
　る。(略)
　　わたしはこの絵のまえで、若い幸福な男女二人づれの、その女性のほうが
　「日本に生まれてよかったワ‼」と叫ぶのを聞いたのである。なるほど、この一

家だんらんの図の、家族たちを照らしている明かりは娘と父親の真上にぶらさがった電灯、それもたった一個の、裸電球である。窓にはラジオがあり、土間にはミシン、花模様の洗面器をのせた台（略）

　わたしには、この絵を描いた作者がせいいっぱい自分の幸福を表現しようとしている、その幸福感が、いたいほどわかった。

竹内氏は絵の作者の「幸福感」と同時に、物質的に豊かな環境で育った日本の若い女の子の「現在の幸福感」もわかるという。しかし、「その観客がそのような感想だけしか抱かないとしたら、あまりに貧しい感想ではないだろうか」と問題を投げかける。国交正常化の共同声明で、中国は日本に対する戦争賠償の請求権を放棄することを宣言したが、そのさい、竹内氏は「ああこれで、日本の戦争責任は日本の支配者からも、民衆からも忘れさられるだろうな」と危惧したという。

　二つの幸福感が、おたがいの理解の第一歩になるのでなく、おたがいの誤解の第一歩になるのだとしたら、歴史はなんのために存在したか、といわなければならないだろう。

その一方で、竹内氏は友好を深める場としての展覧会に期待も寄せる。

　第一展示場では、大寨や大慶のパノラマがしろうとにもわかりやすい。熱心な説明員の説明を、これも熱心に聞く老若男女の姿。そこには、友好の新しい芽生えがあった。友好を育て、理解を深めるためにも、このような展覧会が、二、三年に一回はおたがいの国でひらかれるとよいのではないだろうか。

お祭り的なイベントに水をさすものとして嫌われたのか、日中戦争や日本の戦争責任について言及する記事は、これ以外に見当たらなかった。中国展が開催された1970年代、戦争の記憶は現在よりもまだなまなましかったはずであるが、それらには蓋をして、両国ともにひたすら友好を演出していたように思われる。現在、当時よりも各方面での交流が格段に増え、関係が密接化しながら、政治関係や国民感情はかえって悪化している。残念ながら竹内氏の期待よりも危惧のほうが的中したと言わざるを得ない。

⑦「余録」『毎日新聞』1974 年 8 月 11 日

　　中国展の入場者のなかにはやじ馬できた人、行楽のつもりで来た人、即売品
の購入が目当ての人もいただろう。子連れも多かった。また中国人との直接の
接触を深めるにしても、団員はわずかに百三人、入場者にくらべると非常に少
ない。しかしどんな目的であれ、中国展をみた人は、多かれ少なかれ中国に対
する認識を深めて帰っただろう。

　　中国は、みずからを発展途上国と呼んでいる。工業に関していえば、先進国
の日本にとって、技術的にはほとんど学ぶべきものがない。しかし、たんに現
状だけをみて中国を評価するのは正しくない。過去との比較が必要だ。

　　1955 年に開かれた第一回の中国経済貿易展もみた人の目には、この十九年間
における中国の発展は、すばらしいものに映ったという。しかも中国は、これ
を、他国の力をかりず「自力更生」でなしとげた。中国は、この発展の速さも
みてもらいたかったにちがいない。

日本より経済発展の遅れた中国の成長ぶりを評価するという、日本人とし
ての優越感が感じられる記述だが、全国紙の一面コラムという性格からし
て、おそらくおおかたの日本人の感覚を代表しているものだと思われる。

⑧文化への関心、金額で評価する日本

　　先のアンケート結果からもわかったが、参観者を最も惹きつけたのは、伝
統的な工芸品の素晴らしさであった。工芸家の松田権六氏はつぎのように述
べている。

　　出品されたものの中では、玉細工や象牙細工など、とくに印象にのこってい
ます。これらは中国独自の伝統的なもので、すごくいい勉強になりました。　陶
磁器にしても、もちろん中国から伝わったあと、日本で独自に発展を遂げたも
のも多いが、中国が本場であったということを痛感させられました。今後はこ
れをワンステップとして、単に作品の展覧ということだけにとどまらず、一歩

前進して"技術交流"にまで、高めていってもらいたいものです[(48)]。

興味深いのは、精巧な技術に単に感嘆するだけでなく、なんでも金額に換算して評価する態度がみられたことである。『北海道新聞』（1977年7月13日）では、展覧会の見どころをつぎのように紹介している。

　最大の目玉はゾウゲの彫刻「人間喜事震天宮」100人の彫刻士が11年の歳月をかけ178キロのゾウゲを使用して作った（1974年完成）、展示品の中では最高額の1500万円はするという。天女23人がオルゴールで回転、中国建設の喜びが天まで届き、天女も感動させるという内容。また、昔の遊覧船をかたどったゾウゲ船（450万円相当）、ゾウゲの玉の中に34層もくりぬいた「玉中玉」などあらためて中国人の根気と起用さに驚嘆させられる。（略）超大型の壁掛けじゅうたん「万里の長城」は国連に贈ったものと同型で約1千万円はする高級品。

「目玉展示」がないなかで、なんとか人々の興味関心をひき集客したいという意図がすけてみえる。当時「エコノミック・アニマル」と日本人を揶揄した言葉が生まれ、拝金主義を見直そうという動きは生じていたが、金額で評価する意識は簡単には変わらず、人びとに強くアピールしたようだ。

おわりに

1970年代に開催された中国展を振り返ると、国交正常化後の日本における「中国ブーム」「友好ブーム」の熱さにあらためて驚かされる。当時、中国展につめかけた一般の人々は即売品に殺到し、工芸品に感嘆した。すでに大量消費社会に入っていた日本で、中国展もまた消費対象にされたようにもみえるが、一方で当時の日本人の多くが、中国人とのじかの交流を望み、中国展の参観を通じて中国の現状を知ろうとしていたのも確かである。

では、中国側はどうであったか。中国展の関係者はつねに「友好」を強調し、日本人との交流を積極的に受け入れていたが、本音ではどう感じていたのであろうか。1972年の国交正常化にあたり、当時多くの中国国民は賠償

金が得られ、生活がよくなると考えていた。「賠償放棄」方針を決めた中国政府は、民衆の不満を抑えるために教育工作を行ったが、それでも抑えきれるものではなかった[49]。当時の中国人にとって日中戦争の傷はまだ深く、到底過去になってはいなかった。高度経済成長をとげ、「もはや戦後ではない」という日本人の感覚と、社会主義体制という準戦時体制下で生きている中国人との感覚は相当違っていたであろう。

　対ソ戦略の配慮から中国はアメリカに接近し、対日正常化に踏み切った。1970 年代の「友好」基調とは政治的戦略の結果であり、本来必要な両国民の和解、とくに中国の一般の人々の感情は置き去りにされていた[50]。

　国交回復後には堰を切ったように交流が開始するが、中国展関連記事にも見られるように、交流を進めれば相互理解が深まるだろうという楽観的なとらえかたが大勢であった。さきの竹内氏が危惧したように、最初から誤解が生じていたのに気付かず、まず友好ありきで棚上げにしてきた問題が、現在になって両国民の間に影をおとし、溝を深めているのではないだろうか。

（1）　服部健治「第一章　概説」服部健治他編著『日中関係史　1972-2012　II　経済』東京大学出版会、2012 年、55 頁。

（2）　同上、60 頁。

（3）　「毛さん周さんニンマリ　中国ってどうしてこんなに人気があるんやろ」『オール大衆』第 27 巻第 17 号、1974 年 9 月、40 頁。

（4）　本章で参考にする各地の展覧会協力会が編集した報告書は以下の通り。
　　　大阪中国展覧会協会『中華人民共和国展覧会報告書』1975 年（以下、『大阪報告書』と略記。以下同様）。
　　　東京中華人民共和国展覧会協力会『中華人民共和国展覧会記録』1975 年（『東京記録』）
　　　名古屋中国展覧会協力会『中華人民共和国展覧会報告書』1978 年（『名古屋報告書』）
　　　北海道中華人民共和国展覧会協力会『中華人民共和国展覧会報告書』1978 年（『北海道報告書』）
　　　西日本中国展覧会協力会『中華人民共和国展覧会・記録』1978 年（『北九州記録』）

（5）　「中国大博覧会　大商が青写真」『朝日新聞』1972 年 9 月 8 日。

（6）　『大阪報告書』9-10 頁。

（7）　同上、10 頁。

（8）　「子々孫々までの友好願って　大阪・中国展の開幕迫る」『時事解説』1974年 6 月 18 日、15 頁。

（9）　同上。

（10）　『大阪報告書』12、14 頁。

（11）　同上、11 頁。

（12）　前掲「子々孫々までの友好願って　大阪・中国展の開幕迫る」15 頁。

（13）　『大阪報告書』16 頁。トピックスでとりあげているように「中国展」の前年には「中国出土文物展」が開催されている。「出土文物」の海外展示そのものが問題だったわけではなく、「批林批孔」が 74 年 1 月から開始したという時期の要因が大きかったのだろう。

（14）　「中国展をどう見るか」『中部財界』第 17 巻第 12 号、1974 年 7 月、17頁。

（15）　前掲「子々孫々までの友好願って　大阪・中国展の開幕迫る」16 頁。

（16）　同上。

（17）　「大阪で中国を見よう」がひとつのキャッチフレーズであったし、来場者の多くも「中国を見たい」と語っていた（大阪商工会議所「chamber」no.271、1974 年 7・8 月、4-5 頁など）。

（18）　『大阪報告書』15 頁。

（19）　同上、19 頁。

（20）　展示品の詳細については『東京展記録』66-105 頁。

（21）　『大阪報告書』93 頁。

（22）　『東京記録』10 頁。

（23）　それまでに開催された中国主催展覧会とその入場者数は以下の通り。

　　　1955 年　中国商品展覧会　東京 67 万　大阪 123 万

　　　1964 年　中国経済貿易展覧会　東京 81 万余　大阪 152 万

　　　1966 年　中国経済貿易展覧会　北九州約 156 万　名古屋約 217 万

（24）　『大阪報告書』93 頁。

（25）　同上、104 頁。

（26）　前掲「毛さん周さんニンマリ　中国ってどうしてこんなに人気があるんやろ」40 頁。

（27）　『大阪報告書』104 頁。

（28）　『東京記録』111-112 頁。

（29）　同上、112 頁。

（30）　「値上がり反映し生活用品売れる」『朝日新聞』1974 年 10 月 9 日。

（31）　『大阪報告書』107 頁。

(32)　『東京記録』57、106 頁。

(33)　同上、108-109 頁。

(34)　『北九州記録』58 頁。

(35)　前掲「毛さん周さんニンマリ　中国ってどうしてこんなに人気があるんやろ」41 頁。

(36)　「『中国展覧会』名古屋開催決まる」『産業新潮』第 25 巻第 7 号、1976 年6 月、134 頁。

(37)　『北九州記録』51 頁。

(38)　『北海道報告書』21 頁。

(39)　同上、22 頁。

(40)　前掲「『中国展覧会』名古屋開催決まる」134 頁。

(41)　同上、135 頁。

(42)　名古屋展では特設催事場で天津歌舞団の公演、中国楽器の紹介と演奏、愛知華僑聯合会の青少年による獅子舞など多彩な催しが行われた（『名古屋報告書』65 頁）。北九州展では中国武術団が 9 月 15 日の開幕から 21 日までの 7 日間、1 日 3 回の中国武術を披露した（『北九州記録』69-70 頁）。北海道展では初の訪中公演で成功をおさめた劇団新制作座が北海道厚生年金会館で記念公演をおこない、中国展覧団の団員らが鑑賞、友好交流を行ったが、展覧会会場での公演は行われていない（『北海道報告書』118 頁）。

(43)　前掲「『中国展覧会』名古屋開催決まる」135 頁。

(44)　『北九州記録』65 頁。

(45)　緞通の前で記念写真を撮る参観者が多いと報道されている（『中日新聞』1977 年 5 月 4 日）。

(46)　『大阪報告書』124-127 頁。

(47)　『北海道報告書』103 頁。

(48)　『東京記録』27 頁。

(49)　朱建栄「中国はなぜ賠償を放棄したか」『外交フォーラム』1992 年 10 月号、38-39 頁。

(50)　日中関係については、毛里和子『日中関係』（岩波新書、2006 年）を参照。

トピックス：「中華人民共和国出土文物展」

　中華人民共和国出土文物展は日中国交正常化を記念するイベントとして、1973年に東京と京都の国立博物館で開催された。

　中華人民共和国成立以後の発掘成果の精髄213点および模作・模写等23点が選ばれて展示されたが、これほどの規模の古代文物展を海外で開催するのは中国にとって初めてのことだった。

　日本との関係が深い郭沫若は展覧会に際し、一篇の詩を寄せている。

「越王勾践の呉を破る剣
　専ら民工に頼って字は錯金とす
　銀縷の玉衣いままた是れあり
　千秋朽ちず匠人の心」

　ここで詠われている越王勾践の剣、銀縷玉衣がもっとも注目をあびた展示品であった。郭沫若はそれらを創り出したのは英雄帝王ではなく人民である。歴史もまた人民がつくるのだ、と強調している。極左的な文革の渦中にあった当時、古代の文物もまた政治的立場から語るしかなかった。

（参照：藤田国雄・桑原住雄編集『中華人民共和国出土文物展』朝日新聞東京本社企画部　1973年）

あとがき

　『中国と博覧会』の初版の上梓は 2010 年であるが、このたび第三版が出ることとなった。第三版には、新たに台湾で開催された新旧の博覧会について論じた二章を加えている。

　本来であれば、上海万博以後に中国で開催された博覧会について論じた章も加えたいところであるが、多くの同業者が中国渡航を見合わせるような厳しい情勢であることから断念せざるを得なくなった。筆者が上海万博についての章を執筆するために、現地の会場予定地を見て回ったり、上海図書館内の特設コーナーで資料を集めたりしたのは、胡錦濤政権下の 2000 年代後半のことだったが、隔世の感がある。外国人研究者が再び中国国内で安心して研究資料を収集できるように、中国政府が取り計らってくれることを祈るばかりである。

　なお、初版と第二版のサブタイトルは「中国 2010 年上海万国博覧会に至る道」であった。しかし上海万博からすでに 10 年以上の歳月が流れていることもあり、第三版ではサブタイトルを本書の内容に合わせて「日本・台湾・南洋」と改めることにした。

　第三版の刊行に当たっては、編集部の飯村晃弘氏からご高配を賜った。御礼を申し上げたい。また本書に基づく講義を受けてきた学生諸君に、この場を借りて、感謝の意を伝えたい。

茅屋にて　　柴田　哲雄

執筆者略歴

＊やまだ あつし〔まえがき、第5章、第9章〕
1964 年生まれ
大阪市立大学大学院文学研究科博士後期課程単位取得満期退学
現在　名古屋市立大学大学院人間文化研究科教授
主著に『日本の朝鮮・台湾支配と植民地官僚』（松田利彦との共編著）（思文閣出版、2009 年）など

山 田 美 香（やまだ みか）〔第1章、第6章〕
1968 年生まれ
広島大学大学院教育学研究科博士課程後期退学（中退）　博士（教育学）広島大学
現在　名古屋市立大学大学院人間文化研究科教授
主著に『清末・民国期郷村における義務教育実施過程に関する研究』（風間書房、2005 年）など

＊柴 田 哲 雄（しばた てつお）〔第2章、第4章、第8章、あとがき〕
1969 年生まれ
京都大学大学院人間・環境学研究科博士後期課程単位取得退学　博士（京都大学人間・環境学）
現在　愛知学院大学教養部歴史学教室准教授
主著に『協力・抵抗・沈黙―汪精衛南京政府のイデオロギーに対する比較史的アプローチ―』（成文堂、2009 年）など

泉 谷 陽 子（いずたに ようこ）〔第3章、第10章〕
1968 年生まれ
東京都立大学大学院人文科学研究科博士課程単位取得退学　博士（史学）
現在　フェリス女学院大学国際交流学部教授
主著に『中国建国初期の政治と経済　大衆運動と社会主義体制』（御茶の水書房、2007 年）など

大 山 珠 枝〔第7章〕
1992 年生まれ
名古屋市立大学大学院人間文化研究科博士前期課程

（執筆順、＊は編者）

中国と博覧会 ［第3版］
—— 日本・台湾・南洋 ——

2010 年 3 月 20 日　初　版第 1 刷発行
2014 年 12 月 1 日　第 2 版第 1 刷発行
2024 年 4 月 25 日　第 3 版第 1 刷発行

編 著 者　　柴 田 哲 雄
　　　　　　やまだあつし

発 行 者　　阿 部 成 一

〒169-0051　東京都新宿区西早稲田 1-9-38
発 行 所　　株式会社　成 文 堂
電話 03(3203)9201(代)　FAX 03(3203)9206
http://www.seibundoh.co.jp

印刷・製本　シナノ印刷
©2024 T. Shibata, A. Yamada　　Printed in Japan
☆乱丁・落丁本はおとりかえいたします☆　　検印省略
ISBN978-4-7923-7114-2 C3022

定価（本体 2300 円＋税）